大夏书系 | 与大师同行

教育的
本质

《民主与教育》导读

刘莘 ——— 著

华东师范大学出版社

·上海·

目录

前　言

　　本书是对《民主与教育》的导读，引向对教育本质的追问。追问教育的本质，是每一位教育者恒久的思想修行。

　　谁是教育者？教师、家长和通过自我教育而成长的所有人。以成长的视野追问教育，是杜威的教育哲学名著《民主与教育》的关键路径，但成长不仅仅是个人的，还是社会的。杜威教育哲学的民主主题，就旨在追问怎样的社会真正具有教育精神。

　　名不正则言不顺，言不顺则事不成。追问教育的本质，就是要厘清教育之"名"，否则，就会以教育之名，行残害教育之实。

　　受教育残害的孩子，有的以自残的极端行为表达绝望的抗议，有的以集体撕书的形式发泄无意识的愤怒，有的以"内卷"式竞争错失壮阔人生的创造性风景……

　　在平庸之恶肆虐的时代，对教育本质的追问就是对人何以为人的追问，实际上是心灵回归和超越自身的勇敢之旅。

　　思想是需要勇气的。本书不是对《民主与教育》的教科书式的浓缩简介，而是力争以配得起杜威思想的方式将杜威拉入一场多方对话。

首先是携带着特殊历史、文化、社会和生命语境的本书作者与杜威的对话。在一个又一个相互构成的问题展开的思想涟漪中，本书既要代表杜威澄清他的思想，也要代表读者向杜威提出挑战性的问题，借以逼显杜威教育哲学的伟大内涵和可能的不足。

其次，这场对话的语境是不外于历史的教育现实与未来。本书想要证明的是，如果杜威的教育思想具有普遍有效的内容，那就需要让这思想穿越进今天中国的教育现实和人类的教育未来，以思想实验的形式检验杜威核心思想的真伪。这个过程，不仅使得杜威的教育思想得到鲜活的呈现，而且有助于读者获得一双洞察现实与未来的教育慧眼。

《民主与教育》的魅力在于，它的话题运行于世界的可能性边界。本书将借助《愤怒的葡萄》《三体》《杀死一只知更鸟》《昨日的世界：一个欧洲人的回忆》等一系列文学名著的相关主题去佐证杜威教育思想的丰富性与趣味性。

本书也将借助孔子、柏拉图、康德、黑格尔、马克思、海森伯、皮亚杰、罗尔斯等人类杰出思想家的思想成就，将我们与杜威的对话交流引向思与问的林间路。

《民主与教育》是教育哲学的典范。哲学总是有一定挑战的，就像思想之路总是崎岖的。本书一方面想要帮助读者降低进一步阅读《民主与教育》的难度，另一方面欲借助导读《民主与教育》的契机凝练和阐释杜威的思想。这个工作是否成功，要交由读者去判断。

通读全书之后，读者将会看到，本书作者对杜威的解读和阐释，非常不同于因"实用主义"标签而形成的关于杜威的刻板印象。是的，思想的魅力首先在于去除以思想之名的遮蔽。

思想的进一步发展离不开建构，本书作者借导读杜威思想也建构着自己的教育思想。离开了这种建构，作者笔下的命题就会是僵化的。命题是思想的音符，命题之间的相互映射和展开必须具有音乐性，而要听懂思想的音乐，则离不开勇敢的读者对自己的思想实施有诚意的解构和建构。

本书的主标题是"教育的本质"。我们问，杜威的《民主与教育》是对教育本质的完备言说吗？没有哪种思想具有完备性，杜威的思想也不例外。那么，为什么要选择"教育的本质"作为本书的主标题呢？本书作者相信，尽管许多教育思想名著都会谈论教育的本质，但迄今为止，尚无第二部教育哲学著作像《民主与教育》一样有如此开阔、深刻和前瞻性的视野。

本书正文的阅读顺序不能打乱，因为思想的交响乐有其确定的展开方式。当然，读者一旦领悟了什么是真正的思想，并愿意在长期的生活实践中成长为一位广义的教育思想者，就可以自己的方式灵活谱写自己的教育思想并指导自己的教育实践。

对哲学有畏难情绪的读者可以先阅读本书的《杜威小传》。哲学家首先是人，而且必须是有趣的人。《民主与教育》严谨的文字下面，住着一个相当有趣且有担当的灵魂。《民主与教育》的最后一句话是这样的——"从本质上讲，向生活全方位学习的兴趣就是道德兴趣"。翻开本书慢慢阅读，你将会发现深藏于这句话背后的思想惊喜。

第一章

生命与教育

认识一个思想家，要从熟悉他的思想风格开始。初读《民主与教育》的读者往往有这样一个印象：杜威的思想细腻深刻，但却不易从整体上形成领悟，有一些雾里看花的感觉。这个印象具有普遍性。特别是对于阅读杜威原著中译本的中国读者，不仅要承受翻译过程难以避免的信息损失，还未必清楚杜威行文的思想和社会语境，自然会加深上述印象。为了帮助读者理解杜威的思想，本章在主题叙述的过程中分辨了几个关键概念，它们是"成长""交流""经验""实用／实践主义"。概念是思想的音符，要把握杜威的思想，离不开对这些概念以及杜威在什么意义上使用这些概念的基本了解。

成长与教育

————

　　《民主与教育》的第一句话是："生命体与非生命体之间最显著的区别在于，生命体通过更新来维系自身。"[①] 这句话没有提及"教育"，却是杜威教育思想的基本出发点。

　　确实，世间万物可分为生命体与非生命体，唯有生命体才可以通过新陈代谢的更新过程来维系自身。一个非生命体，如一块石头，只要不被破坏，它就保持或维系住了自身。而生命体则不一样，它要通过突破旧有的状态以迭代到一个新的状态，这是一个持续的过程，直至生命的终结。

　　对生命体而言，新的状态总是在取代旧的状态。一棵树与它的昨天已经不同了，这是从变化的视野来说的。我们又说，这棵树还没有变成别的东西，它还是同一棵树。这个时候，我们就是在强调，这棵树尽管在变化，但却维持了它的同一性。它在变化，它在变化中维系自身。这个看问题的方式也适用于人这种高级生命。

————————

① 约翰·杜威：《民主与教育》，俞吾金、孔慧译，华东师范大学出版社，2019年版，第 2 页。

人之所以"高级"，就在于有精神生命，必须在不间断的发展过程中才能维系住自己的同一性。你从儿童、青少年时期一路成长，一方面，此时的你认为不再是从前的那个自己；另一方面，你又认为那跨越时空不断变化的，仍然是你自己。你没有变成其他人，你在自己的生命潜能中变化，你在皆具否定和肯定的双重力量的作用下成为你自己。

生命体不能离开相应的环境而生存，在杜威看来，环境"是由那些促进或妨碍、刺激或遏制一种生命特有的活动的条件构成的"①。杜威对环境的强调源于生物学的常识。环境是有能量的，生命体不可能完全吸收环境的能量。例如，适合植物生存的环境里有阳光，但植物不可能将阳光里的能量全部吸收。植物只能对一部分环境能量实施转化，然后以其不断更新的生命形态去反过来控制环境并与环境建立平衡关系，这时，环境就不能对植物"为所欲为"。生命体与环境之间的平衡使生命体能够在动态变化中维系自身，而生命体与环境之间的平衡可能不断打破又不断重构。

毫无疑问，从地球生命的视野来看，唯有人这样的高级生命体，才可能发生"教育"这件事。个人总是要消亡，而人类则要延续。那么，如何解决个人消亡与整体延续之间的矛盾呢？其他动物解决这个问题是靠着与环境的自然平衡来实现的。但人类在控制和改造环境上走得如此深远，以至于如果人类的经验和知识不能代代相传的话，人类就无法维系自身的生

---

① 约翰·杜威:《民主与教育》，俞吾金、孔慧译，华东师范大学出版社，2019年版，第15页。

存与发展。正是在这个意义上，杜威才强调教育是人类生活的必需。杜威的意思是，唯有通过教育，人类的经验、知识、智慧乃至人类文明，才可能得到延续和发展。

　　人类面临的这种教育情景具有普遍性吗？让我们借助科幻小说来展开相应的想象。刘慈欣的《三体》描写了一个邻近太阳系的外星物种。"三体"物种的生活环境迥然异于地球，从人类的视野来看，它们的生物学特征显得非常离奇。三体"人"有一个人类难以理解的特点，那就是，它们之间传递想法是不通过语言的。当两个及以上的三体"人"出现在一定的时空中时，任何一个个体的思维对于其他"人"都是透明的。三体"人"的思维以电磁波的方式呈现，可由另一方自由提取。这类似于两台或多台相联结的电脑，可在它们之间进行准确的数据传输。假如三体"人"的思维可储存于体外设备中，个体的消亡对于三体"人"这个群体就构不成任何危险，因为思维以及作为思维成就的知识，是可以任意存储和传播的。《三体》这部杰出的科幻小说对三体"人"的社会组织形式只有很粗略的描写，对三体"人"的教育情况完全没有涉及。一个合理的解释是，思维透明且可任意传递、储存和吸收知识的物种，是根本不需要教育的。

　　如果杜威穿越回来与我们对话，他会说什么呢？杜威会说，教育是成长的需要，凡是不需要教育的地方，都不会有成长发生。确实，三体"人"说不上成长，因为它们彼此之间的思维是透明的，知识可以任意提取。我们最多可以假设，作为整体的三体"人"，它们控制环境的能力可以不断增强，但作为个体，却没办法在我们人类的意义上体验什么是成长。根本的原因是，思维透明的三体"人"形成不了所谓的"个人"概念。人类之所以可以形成"个人"概念，不仅因为我们有身体的边界，而且因为我们的思维是不透明的，成长需要的信息和知识总是处于不对称状态。对于我们人类而言，成长意味着要在不断突破个体性的限制的同时维系和发展个体性。简言之，人的成长是一个复杂、矛盾的过程。

杜威当然不可能穿越时空去阅读《三体》，但杜威关于教育与成长的关系的洞见，却可以很好地印证这样一个判断，那就是，教育不可能发生在三体"人"之间。在《民主与教育》中，杜威将动物的幼崽与人类的婴幼儿进行了比较。初看之下，动物的幼崽应对自然环境有很大的优势。例如，小长颈鹿生下来很快就可自由行走，从而可追随长颈鹿妈妈的行动，以逃避猛兽的攻击。与之对比，人要具备初生小长颈鹿那样的活动能力，至少需要数年的生长时间。杜威举的例子是小鸡。在被孵化出来十几个小时后，小鸡就能准确地啄食，而婴儿则需约六个月的时间才学得会眼手配合而取到东西。但从成长的视野来看，杜威的评论则是："小鸡原始天赋的相对完善反而约束了它的发展，婴儿的优势在于拥有许多本能的试验性反应和随之而来的种种经验，不过，它们之间的相互干扰会使他暂时处于劣势。"[1]显然，杜威的这段话用于三体"人"也非常恰当。

从生命的视野出发来理解教育，是杜威教育思想的底色。杜威不是科幻作家，没有构思过宇宙中其他高级生命或文明的

---

[1] 约翰·杜威:《民主与教育》，俞吾金、孔慧译，华东师范大学出版社，2019年版，第56页。

教育形态。不过，按照前面的分析，我们可以沿着杜威的思路提出一条宇宙中普遍有效的定律——教育源于成长的需要。动物幼崽会自然生长，但我们不会在教育的意义上说它会成长。类似地，人工智能的能力会迭代增长，但我们也不会在教育的意义上说这种能力增长是一种成长。不难看出，当我们在使用诸如"生长""增长"和"成长"这类近义词时，只有在有教育含义的语境下，才可以使用"成长"这个词。

社会与交流

　　人是我们目前已知的宇宙中唯一有思想的高级生命体。人有认知、情绪和意愿三种能力，人的心智含有知、情、意三个维度，而它们是相互纠缠在一起的。情绪为认知提供动能，意愿为认知提供方向；反过来，情绪和意愿也是认知的对象。若缺乏情绪，或情绪状态不对，相应的认知就不可能在个体身上发生。若缺乏意愿，或意愿方向是不合理的，认知就无法通达正确的目标。当然，若没有基本的认知能力和对相关事实的把握，个体的情绪就会出现偏差，而意愿的目标也就无法获得合理性。尽管《民主与教育》没有专门设篇幅去分析人的心智或人格中的知、情、意三个维度的统一性，但杜威的其他著作，特别是心理学著作，对人的思维的三个维度，却有清晰的洞见。

　　站在知、情、意三维度相互统一的人的视野，我们很难想象，如果某一个外星物种的心智缺乏其中某个维度，这种高级生命还能够理解教育且能够建立高级文明。例如，根据《三体》的描写，三体"人"的认知维度，特别是科技认知维度有很高的能力，而它们的情绪能力得分很低，它们在意愿维度上只是生存意愿很强，其他意愿能力都很弱。所以，在恶劣环境中发展起来的三体文明有非常不同于人类文明的特点，例如，三体"人"没有美丑概念，也几乎没有道德上的是非观。一个有意思的话题是，知、情、意三个维度失衡甚或缺乏某个维度的高级生命，是否可能真正建立起高级文明？[①]这个话题不在杜威的思考范围之内。不过，如果以人类文明为参照系，即使有像《三体》中描写的高科技外星文明，这种文明因为其他维度太贫乏了，因此很难称之为高级的。

现在，让我们回到人这种高级生命体，并追随杜威的思考，来看一看成长意味着什么。在杜威看来，成长的根本条件是不成熟，所谓成长就是"指向未来结果的行动的积累运转"[②]。要注意，"不成熟"是一个相对于"成熟"的概念，且"成熟"的内涵会因心智发展情况的不同而不同。一个有较高知识水平的成年人也可能在某些领域是不成熟的，这有两种情况：其一，在较早的年龄，此人错过了该领域的成长机会，但他仍可能滞后发展；其二，此人并未在合适的年龄错过成长机会，但他的标准很高，或童心和好奇心很强，他仍然有较大的发展空间。这意味着，成长或发展并非未成年人独享的专利。无论哪种情况，可塑性都是成长或发展的根本条件。

像人这样的高级生命体之所以会面临教育问题，就是因

---

① 刘慈欣想在《三体》中构建一种道德中性的文明，但这种构想并不成功，对此的说明，请参见刘莘：《宇宙的真理：刘慈欣科幻文学解读》，广西师范大学出版社，2021年版。

② 约翰·杜威：《民主与教育》，俞吾金、孔慧译，华东师范大学出版社，2019年版，第52页。

为个体需要成长，而成长又有具体丰富的发展内涵。简单地讲，人的成长涉及身体和心智两方面。杜威极其反对割裂身心关系的二元论，强调身心健康是互为因果的。尽管如此，我们仍然可以说，像人这样的高级生命之所以面临教育问题，就在于人有心智或心灵，人的世界与动物的世界不同，人并非生活在纯粹的自然世界里。世界只向人的心智呈现为他们可以理解的样子，有不同心智特征的人，世界亦将向他们呈现出不同的特征。不幸的是，人没有三体"人"那样可凭借电磁波传递思维的能力，因此，不同的人对于世界的理解总是不同的，这是人世间纷纷扰扰的根源。幸运的是，正因为人的思维不像三体"人"那样透明，人世间才能容纳和生发足够大的差异性，而差异性既是成长的基础，也是教育之所以可能的前提。

《民主与教育》有很多内容涉及个人的成长话题，但杜威将"民主"置于"教育"概念之前，意味着他特别关注教育的社会维度。确实，当面向个体成长发问时，我们总免不了具有社会意义的追问和回答。例如，现代教育思想的共识是，要保护和发展人的个性，要激发和发展个人的创造性，要使个人成长为负责任的本国公民或全球公民。可是，这种共识是在有差异性的社会意识中逐渐形成的，这个过程并非一帆风顺，而这种共识在面临重大社会分歧时也可能分崩离析。因此，像《民主与教育》这样的教育哲学著作，就必须奠基于某种深刻而合理的社会视野，才能清楚地回答个人成长的方向和内涵问题。换言之，只有从个体维度进入社会维度，才能在教育问题上知其所以然。

确实，在《民主与教育》中，杜威的思路一以贯之，那就是，要理解教育，必须有理解教育的社会视野。由于社会是历史进程中的社会，因此理解教育就要有教育的历史视野，这也是杜威要花较大的篇幅去探讨历史中的各种教育观的原因。也由于谈论社会不可能不谈论政治，因此理解教育就内在地要求理解人类的政治，特别是，在杜威的眼中，要以理解民主政治的理想为基础。我们前面看到，杜威谈论教育的出发点是生命体与环境的关系。类似地，人的个体生命，特别是精神生命的发展，也离不开社会、政治和历史环境。杜威的思想灵活而具有思辨性，他总能在教育的个体视野与社会视野之间实施自由转换。

成长离不开当事人的可塑性，以及这种可塑性所需的依赖性条件。人类社会是一个相互依赖的动态组织，个人成长或发展需依赖的，并非仅仅是营养和安全保障。只有充分吸收由社会保存的信息、经验、知识和思维方式，社会所允许或鼓励的那种类型的个人才可能诞生。从这个视野来看，社会必然是教育的最重要的环境或媒介。强调民主的杜威，当然不会认为任何社会组织方式都是有利于教育的。在杜威看来，民主与教育的一个根本共通点就是——交流。凡是压制交流的场所，既没有民主也没有教育，无论这样的场所是议会还是学校。反过来讲，凡是有真实交流发生的场所，哪怕不是学校，而是家庭、企业、议会、法院这些非教育类的社会组织，都有教育活动在其中发生。

交流意味着经验的分享，以及观念的碰撞和吸收。从交流的视野来看教育，可以使我们更好地理解民主与教育这两个主题之间的关联。在杜威那里，民主不能简单等同于投票机制，交流是民主与教育相似的底层逻辑。关于交流，杜威的名言是，"所有交流都像艺术"[①]。他想强调的是，为面向特定的群体达成交流的目标，必须创造合适的交流形式、提供恰当的交流内容，并有效管控交流的过程。确实，面对不同年龄段的未成年人，在不同的交流目的上，我们的交流形式、内容和过程都必须有因地制宜的灵活性。只有这样，才能实现人类经验的有效传递。

面向未成年人的教育是交流的一种特殊形式，这毕竟不同于在知识和能力相仿的成年人之间的对等交流。成年人的经验与未成年人的经验有巨大的差别，经验的形式和内容之间的反差既使教育成为必需，也使教育面临挑战。换言之，教育的挑战就在于，教育者能否重组普遍有效的人类经验，使之在形式和内容上适应未成年人的经验生长，继而通过真实交流的发生使有效经验在不知不觉中替代未成年人的无效经验。

[①] 约翰·杜威:《民主与教育》，俞吾金、孔慧译，华东师范大学出版社，2019年版，第7页。

经验与世界

"经验"是杜威教育哲学中的一个重要概念。一般来讲，教育哲学著作大都离不开对于"人是什么？""人应该是什么？"等问题的探讨。《民主与教育》没有直接回答这样的问题，一个重要的原因是，杜威是一个所谓的"实用主义者"。杜威并不满足"实用主义"这个称谓，有时他也称自己的哲学方法论为"实验主义"。汉语"实用主义"这个词对应的英文词是"pragmatism"，它的更恰当译法是"实践主义"，详尽理由请参见本书附录第三部分。

简要地讲，杜威的"实践主义"强调行动的重要性，不认为真理是对对象的静态反映或认知，而是行动的积极成果。实践主义的观点较为接近"实践是检验真理的唯一标准"，但严格地讲，实践主义并不承认有独立于实践的真理，然后又可以通过实践去把握那样的真理。实践主义强调的是，"真理"或"真相"外于实践是没有意义的，因此实践是真理的构成。这听起来有些奇怪。

朴素实在论或唯物论支持眼见为实，我们眼中的日月星辰、山河大地、花鸟鱼兽都是实在的，我们之所以能够认识这些事物，是因为我们的感官反映了事物的真相。然而，从现代科学的视野来看，我们眼中所见的一切事物都是"合成的"，是微观世界向宏观世界的合成，是神经活动对于感觉知觉的合成。可是，现代科学是怎么知道这一切的呢？无非是因为，近现代以来，人类掌握了现代科学的思维方式，懂得主动拷问世界，然后借助实验方法和数学手段逼迫自然吐露自己的秘密。

不过，所谓"拷问""逼迫""吐露""秘密"都只是修辞性的说法，关键在于实践，在于人的活动。设想宇宙中从来就没有人的活动，甚至也没有外星"人"的存在。在这种情况下，宇宙就是一个没有概念和实践的世界。我们甚至没有办法想象那样一个世界，因为任何想象都带上了我们在实践中习得的概念，以至于我们的任何想象都是在进行无外于实践的概念投射。

实践主义的世界观也许会使人联想到王阳明的"心外无物""心外无理"，但杜威却很少使用"心"和"物"这种具有二元论暗示的概念。杜威更愿意使用"经验"概念，认为传统哲学的"心""物"等概念隶属于"经验"概念。不过，杜威的"经验"概念也不同于早于杜威的欧洲哲学家所使用的"经验"概念。那些欧洲哲学家有一种相对静态的"经验"观，认为人的认识是基于感官经验的，认识不过是对于感官经验的直接把握或间接重组。与之对比，杜威更强调"经验"这个概念的动词形式（experiencing）而非名词形式（experience）。杜威想强调的是，经验是实践导向的，而实践则离不开新旧经验的交互演化。

让我们回到"人是什么?"的问题。为何杜威没有在《民主与教育》中直接回答这个问题?一个重要的原因是,对"人是什么?"的任何定义般的回答,都会封锁人之存在。然而,人的实践及其作为伴随物的经验却具有开放性,正是这种开放性拒绝对人作"定"义。事实上,按照实践主义的世界观,人是不断开放演化的经验的一个环节。回顾人类历史,就不难发现,人类对人是什么的理解,也是随着经验(包括历史的、科学的、社会的、政治的、经济的、教育的)的演化而不断丰富、不断变化的。也许,在未来世界里,人的智能将与机器智能进行深度融合,那个时候,关于"人是什么?"的问题,必将获得完全不同于"前人机"时代的回答。基于这样的澄清,我们再来看杜威对于经验的理解和论述。

对于"人是什么?"的问题,杜威更愿意借助生命体与环境之间的互动模式,一点点揭示人的生命活动的连续性与差异性。毫无疑问,人作为高级生命体是有意识的存在者,我们能够意识到自己具有认知、情绪、意愿这三方面的能力。可是,我们也能意识到,我们只有凭借专属于人的经验,才有生活这件事,而不仅仅有生物学意义上的生命。

"经验"这个词在杜威那里有很广泛的含义,含有"体验""经历"的意思。我们说一个人生活经验丰富,就是说这个人在生活中经历过很多事,对生活有不同维度的体验。当然,一个人的经验有直接的部分,也有间接的部分,包含以各种媒介承载的同时代的或历史上的他人的经验。有些哲学家会说,人有理性和认知能力,也有感觉和经验。事物对我们的感官实施刺激后就会形成感觉经验,但要通过理性对它们加工后才能形成知识。机械地把理性与经验分开，是杜威坚决反对的一种二元论。在杜威那里，可以说经验是使人的有意义的生命或生活得以展开的动态场域。

我们将人与智能机器相比较，就更能理解杜威的观点。智能机器是由算法、算力和数据驱动的，尽管一些智能机器能够与人对话，而且还会使用"我""你""他"这样的人称代词，但没有理由认为，智能机器具有类似于人的心智，具有知、情、意的统一性。而人的心智是不能脱离于人的经验而独立存在的，因为人的心智不过是人这个物种在应对环境的经验生长和演化的漫长过程中诞生出来且逐渐丰富的。因此，不可能将心智与经验剥离开来。我们不能想象离开了人的存在经验，还会有人的心智。

之所以不能将机器的智能混同于人的心智，是因为机器的算法和数据迭代不等于经验中的心智的演化。而在杜威的概念里，经验包含着人与人和人与物的交互性。也许未来的智能机器可以像科幻小说里描写的那样，诞生专属于自己的意识、情感和意志，并有非常不同于人的认知能力。如果真是那样，杜威关于经验的概念也会适用于这样的智能机器，那就是，机器的心智不能脱离机器的经验演化。当然，未来的智能机器能否诞生心智，机器之"心"会是什么样子，机器的"经验"是什么，这些都是开放的问题。无论答案是什么，都不影响杜威以演化的方式去理解心智与经验的、你中有我我中有你的关系。

我们还可以说，正因为有专属于人的经验，世界才能够以如此这般的方式向我们显现。在杜威的语用中，"经验"这个词是相当广义的，几乎就是"存在"的同义词，习惯、行动、感受、意向、语言、观念、技能、知识、组织、目标、意义，无一不在经验中存在。哪怕是封存于图书馆的书或网上没人关注的数字信息，都是以人类经验的不同形式储存下来的。当下存在的人，以其活泼的经验去遭遇和"解码"那些间接的、封存的经验，便扩大了经验的范围、丰富了经验的内涵。

杜威说经验"好像它的同类语'生活'和'历史'一样，不仅包括人们做些什么和遭遇什么，他们追求什么，爱些什么，相信和坚持什么，而且也包括人们是怎样活动和怎样受到影响的，他们怎样操作和遭遇，他们怎样渴望和享受，以及他们观看、信仰和想象的方式——简言之，能经验的过程。'经验'指开垦过的土地，种下的种子，收获的成果以及日夜、春秋、干湿、冷热等变化，这些为人们所观察、畏惧、渴望的东西；它也指这个种植和收割、工作和欣快、希望、畏惧、计划，求助于魔术或化学、垂头丧气或欢欣鼓舞的人"[①]。

在哲学史上，与"经验"这个词关联的，还有"超验"和"先验"这两个概念。"超验"是指超越经验的存在，譬如古人相信的鬼神，就居于超验的世界。杜威会认为，这些超验信仰在经验中有其根源，但不可能通过经验去证明超验存在。当然，居于超验世界中的可能不是鬼神，而是柏拉图所说的理念。例如，在柏拉图看来，现实中的圆都是不完满的，唯有处

---

① 这段引文出自杜威的一本重要著作《经验与自然》，请参见杜威：《杜威全集·晚期著作（第一卷）》，傅统先、郑国玉、刘华初译，华东师范大学出版社，2015年版，第16页。

于超验世界中的圆的理念才是完满的。就像现实的圆与圆的理念的关系，现实的经验世界相较理念世界也是不完满的、不真实的。现实世界只是理念世界的摹本，这就是柏拉图著名的"洞穴"比喻想要阐明的本体论立场。杜威拒绝理念世界与现实世界的二元划分，他坚持认为，若离开了现实中的不完满的圆，离开了人这种不完满的心智随演化而诞生的经验中的实践能力，就不可能诞生关于圆的超验理念。

至于"先验"这个概念，主要指使经验得以可能的先天条件，如康德就试图证明，若要有经验的存在，必须假定一些逻辑在先的先天条件，如时空形式和"因果性""或然性""必然性"等知性范畴。本书的最后一章，将对杜威的教育哲学进行一个整体的评价，那时，会对康德的思想有更详细的介绍。现在，我们只需知道，杜威是反对康德观点的，他认为承载于人这种高级生命体的经验中的时空形式和所谓的知性范畴，都只是与环境互动而越来越复杂的心智功能的产物。简言之，在杜威那里，经验才是根本的、统一的，一切超验概念和先验假设，都只有返回经验本身，返回对经验及意义的如其所是的理解，才能得到合理的解释。

值得注意的是，杜威出生于 1859 年，正是在那一年，达尔文发表了震惊世界的《物种起源》。杜威深受近现代生物学的影响，他的世界观是生命演化的世界观。在杜威看来，古往今来的一切哲学观点，都必须在这个新世界观中重新经受检验，人类的教育思想当然也不例外。需要强调的是，不能将杜威的思想简单等同于是将近现代生物学成就"应用"于哲学和教育领域。更吻合事实的说法是，近现代生物学的成就启发了杜威，促使他对哲学进行了原创性的改造，生长出了新的思想范式，以及理解人和世界的新方式。近现代生物学为一种新思想的诞生提供了养料，思想就是这样通过回应环境的刺激而更新自己的。《民主与教育》关于教育的话题的全方位追问，都不离这个思想背景。

第二章

家庭、学校与社会

本章以杜威的视野，从家庭、学校和社会共同构成的教育环境去呈现对教育的理解。教育的天然发生地是家庭和社会，学校则是为了教育而人为设置的场所。天然的教育与人为的教育经常是冲突的，而要理解这种冲突，需要追溯到更大的社会结构。杜威是一位民主主义者，他认为背离民主理想的社会是教育问题的根源。本章借助一些历史人物的成长环境，并通过对现代教育诞生背景的宏观描述，去呈现《民主与教育》的独特思想视野。

两种教育

教育只有在个体经验与群体经验的不对称性中才可能发生。个体经验相比群体经验犹如一滴水之于大海，无论在广度、深度、有效性、生长性哪个维度上，都显得微不足道。正因为如此，人类中那些仅凭自己的经验而对人类整体经验作出贡献的人，才堪称伟大。提醒一下，"经验"在杜威的意义上取广义理解，包括各种实践和源于实践的各种知识。杜威看到了个体经验与群体经验之间存在巨大的鸿沟，而他同时相信，"教育，唯有教育才能弥合这个鸿沟"①。

个体经验与群体经验的区别，呼应着有效经验与无效经验的区别。个体经验可能是有效的，也可能是无效的，群体经验也是这样。理想情况是，个人能够将自己的有效经验源源不断贡献给群体经验，而个体也只从群体中吸收有效经验。真实情况则是，无论是个体经验还是群体经验，都有大量虚假无效的内容。譬如，在前科学时代，为了风调雨顺、五谷丰登而发

① 约翰·杜威：《民主与教育》，俞吾金、孔慧译，华东师范大学出版社，2019年版，第4页。

展出的复杂的祈雨仪式，作为一种群体经验就是无效的。即使到了科学时代，很多群体经验也是无效的。可以说，人类应对环境的发展过程，就是以有效经验替代无效经验的过程。

教育发展也是类似的，就是要发现有效的教育经验的形式和内容，去替代未加反省且有效性未得到确认的教育经验。当然，在教育活动中，就像在艺术创作中，总有一些有效的个人经验，即使能够以语言符号的方式去表达，也没有办法转化成普遍有效的群体经验。总体上讲，杜威相信人类进步，他认为在现代科学的帮助下，有效经验可以不断替代无效经验，以增强人应对环境变化的能力。当然，有效经验的积累本身也会改变环境，因此就会反过来刺激进一步的有效经验的诞生，而这是一个不断更新的循环。

在这个过程中，教育所要做的，就是要将有效经验以合适的形式传递给未成年人。正是在这里，我们与别的社会性动物呈现出了本质上的区别。蜜蜂、蚂蚁、黑猩猩都是社会性动物，但这些社会性动物不会面临类似于人的经验传递的问题，它们的遗传特性会代代相传，在自然演化的漫长岁月里，它们的群体生存与自然环境之间形成了有效的平衡。对于这样的社会性动物，就不会有"教育"这件事的发生。所以，在杜威看来，教育不是自然之事，它是特属于人类的事务，而人为教育建立的专门社会机构就是学校。

但是，人的教育并不能等同于学校的教育。事实上，学校仅仅是社会经验的传递方式之一，而且未必是最佳方式。例如，要想获得某些高科技行业的技术创新经验，最好的"学校"就是能够承载这些经验的企业。社会是由各种类型的社会组织构成的，而社会组织的本质在于传递经验，因此杜威才说，"社会不只是通过传递、交流而得以持续存在，说它存在于传递、交流之中也不为过"①。我们如果问杜威，什么是社会，他一定不会把社会当作一个静态的对象来看待，他会说，社会就是传递和交流经验的结构和过程。社会是一个包含了若干组织或共同体的共同体，而共同体绝非一个空间概念。特别是在今天这个网络互联时代，相距很远的人可能组成一个利益共同体或价值共同体，但身边的邻居却可以不包含在内。

学校是一种教育组织。特别是占有一块固定校园的学校，它的狭义的共同体成员是教师与学生，而广义的共同体成员则还包括学生的家长，以及社区中的其他利益相关者。在杜威看来，学校的意义就在于，要把人类的普遍有效的经验，精简成易于交流的形式和内容并传递给未成年人。这是非正规教育代替不了的教育功能，尽管非正规教育的组织，如企业、军队、政府都可能有这样那样的教育意义。杜威强调，唯有作为正规教育的学校才会专门考虑如何面向未成年人而传递经验，通过未成年人的经验更新去实现人的培养，从而使社会整体能够永续发展。只有学校才可能以人的成长作为直接的组织目标，而其他组织最多只会将人的成长作为组织目标的附属目标或手段。

不过，在杜威眼中，学校作为教育组织是社会共同体的一个构成部分，与其他大大小小的社会组织皆会发生直接或间

① 约翰·杜威:《民主与教育》，俞吾金、孔慧译，华东师范大学出版社，2019年版，第5页。

接的关联。学校承担正规教育的职能，而其他组织则承担非正规教育的职能。杜威想要追问的是，在什么情况下，正规教育与非正规教育可以和谐共振；在什么情况下，正规教育与非正规教育会严重背离，以至于越是强调正规教育，越是与人的经验传递和经验提升的教育目标背道而驰。例如，当一个社会的市场经济很发达，有大量的创新型企业，员工在接受非正规教育的同时，也会将获得的观念带回家庭，影响家庭文化和孩子的成长。可是，如果在学校中受到的是保守的、非创新的教育观念的约束，孩子在面临两种教育力量时就会感到紧张或无所适从。

《民主与教育》花了不少篇幅去探讨正规教育与非正规教育的关系，这意味着，杜威关心的教育话题远大于狭义的学校教育。若没有这个更大的视野，或者说，若对教育的透视缺乏社会视野，一种有深度和启发力的教育哲学就是不可能的。"民主"与"教育"这对孪生主题暗示了两点：其一，正规的学校教育与非正规的家庭教育和社会教育不能相互脱节；其二，如果各类社会组织不能体现教育的成果和意义，特别是，如果不能担当维系和发展民主社会的职能，正规教育就不会有稳固的根基。

现实地讲，如果学校的经验和价值观与社会的经验和价值观是分离的，学校教育的成就就可能反而会阻碍人在社会经验中对环境的应对。因此，当杜威将"民主"与"教育"作为一对孪生主题来处理时，他其实是在强调，教育与社会要参照彼此才能发展。而学校教育的风险在于，它总离不开语言和其他符号媒介去传递复杂的社会经验。当人类的有效经验不得通过语言符号的媒介去进行传递时，人们就面临着重媒介而轻经验的危险。杜威说，如果那样，正规教育就会变得抽象迂腐，变得书呆子气。未成年人就会从自己的经验出发去抵触学校的教育，而如果不抵触的话，学校教育就"成功"做到了以抽象迂腐去压制鲜活经验的展开和发展。

　　以杜威的标准来看，好的教育是不能与社会经验脱节的。好的教育不仅要懂得如何将承载于语言符号中的人类经验"解码"释放出来，还要在这个过程中与当下社会正在展开的活生生的经验发生恰当而自然的关联。人在成长过程中总是被两种知识包围：无意学到的知识和有意学到的知识。未成年人往往会在课堂或学校环境之外，通过与他人的交往互动于无意中习得经验或知识，而专门化越来越强的课堂或学校教育则主要通过有意识的方式传播相关知识。两种知识的获得方式是有区别的，社会环境的学习是从经验到知识，而学校环境的学习则是从知识到经验。杜威特别关注学校教育特有的问题，那就是，如何激活未成年人的经验，从而以新旧经验的自然替代为契机而习得知识。正是在这一点上，学校教育有很多需要向社会教育学习的地方。因此，杜威才会强调，一个极其重要的问题是："如何在非正规的和正规的、附带的和有意的教育模式之间维持适当的平衡。"①

---

① 约翰·杜威：《民主与教育》，俞吾金、孔慧译，华东师范大学出版社，2019年版，第11页。

也许，未来的社会是一个"去学校化社会"[①]。正规学校是社会历史的产物，随着人类社会的不断演化，未来的社会有可能会完全消解正规教育与非正规教育的区别与对立。那时，社会就是一所大学校，仿佛返回了正规学校诞生之前的人类社会，从而实现了"生活即教育"的理想。也许，在人工智能不断发展的并不遥远的未来，"去学校化社会"会成为一种新的智能现实。在本书最后一章，我们将在杜威思想的引领下去想象那样的现实，并通过相应的想象反过来对杜威的教育哲学作一简要的评价。

---

① 《去学校化社会》是美国学者伊万·伊利奇在 20 世纪 70 年代讨论教育激进改革的一本书，他在书中抱怨说："作为学校不可或缺的主顾，人这种创造物现在既无自主权利，也无按己所愿地去成长的动力。"（中国轻工业出版社，2021 年版，第 117 页）在人工智能时代，"去学校化社会"的愿景更有可能变为现实。杜威在《民主与教育》中虽未提及"去学校化社会"的现实可能性，但我们可以基于杜威的教育哲学去想象他对于人工智能时代的教育变迁的态度，相关内容请参见本书第九章。

家庭环境

家庭和学校都是人成长的社会环境。很难想象人可以离开社会环境而成长，就像很难想象动植物可以离开自然环境而生存。杜威认为，教育的作用就在于，"通过各种无意的和设计好的中介，社会把没有经验的、看上去差别很大的人转变成它自己的各种资源和理想的强有力的保管者"[①]。引文中的"中介"就是指各种社会组织所构成的人的成长环境。

我们已经看到，从社会的视野来看，教育的意义就在于弥合个体经验与群体经验，使人类在知识继承和社会演化过程中得到永续发展。所谓"知识继承"无非是指年幼者吸收年长者的有效观念，从而获得与他们类似的心智。那么，观念是如何传播和吸收的呢？毕竟，观念不是一件有形的事物，可以从甲处搬往乙处。观念的传播意味着传播者要相信相应的观念。类似地，要接受一个观念，意味着接受者必须相信这个观念，使一个本来外在的观念变成他的内在信念。杜威追问的是，这

[①] 约翰·杜威:《民主与教育》，俞吾金、孔慧译，华东师范大学出版社，2019年版，第14页。

一切是怎么发生的。

一切生命体都必须在相应的环境或媒介中才能生存。鱼离不开水，鸟离不开天空，而人这样的社会性动物的生存则离不开社会。当杜威使用"环境""媒介"这类词汇时，他从来不会作静态指称，仿佛环境是死的，而在其中的生命才是活的。杜威强调，环境或媒介是指"周围事物和个体本身各种积极的趋向之间特定的持续关系"①。因此，不能将环境作日常生活的空间化理解。

在杜威看来，一个天文学家的环境可以是数百光年外的星星，一个哲学家的环境可以是人类的全部的高深思想。从未成年人的角度来看，因为成长离不开家的环境，而家总会占据一个特定的空间，才易于将环境与空间等同其来。我们可以做一个小小的思想实验。两个孩子张三和李四生活在同一个小区，两家人的房子大小和结构完全一样。可邻居们都说，两个孩子生长的环境完全不同。那么，是什么造成了这个区别呢？这就是上面引文中所说的"持续关系"，可以使一个人随它的变化而变化。

《民主与教育》没有专门花章节去探讨家庭环境或家庭教育的话题，但杜威关于社会和教育环境的洞见完全适用于家庭。毕竟，家庭是人成长所需且无法选择的原生社会环境，而教育首先在家庭中发生。杜威说："如果一个人的各种活动与他人发生了关联，他便拥有了一个社会环境。他的现实的和可

---

① 约翰·杜威:《民主与教育》，俞吾金、孔慧译，华东师范大学出版社，2019年版，第15页。

能的所作所为，取决于他人的期待、要求、认同和责难。"①

　　有经验的教师都能注意到，哪怕是刚入小学的孩子，他们的性格特征、情绪模式、认知水平和价值观都有很大的区别。这些区别固然有先天的原因，但家庭环境却是极其关键的变量。以正常的家庭为例，父母的教育类型大致可以划分为权威型、民主型和放任型。由于人的成长过程是如此复杂，影响人成长的变量是如此之多，很难说某种类型的家庭教育模式一定具有适用于所有情况的普遍有效性。例如《童年》的作者就是在一个残缺不全和暴虐的家庭环境下成长的，类似的家庭环境很可能会摧毁别的儿童，但却诞生了高尔基这样一位杰出的文学家。

　　简要地讲，放任型家庭环境意味着孩子不受管教，要么父母无心管教，要么父母无力管教，或兼而有之。放任型家庭环境对孩子的成长究竟利弊如何，取决于比家庭环境更大的社会环境。如果家庭之外的社会环境有利于人的成长，放任型家庭的"野蛮生长"模式就可能产生好的教育后果。

　　例如，童话大师安徒生就是在一个放任型家庭中成长的。安徒生家境贫困，母亲不识字，父亲作为鞋匠虽能识字但文化程度也不高，且在安徒生 11 岁时就去世了。安徒生之所以能成长为闻名世界的作家，除了他有较高的天赋，一个重要的原因是，19 世纪初的丹麦社会充满了活力。那时的欧洲深受 18 世纪启蒙运动的影响，且更早的文艺复兴运动接续上了伟大的

----

① 约翰·杜威：《民主与教育》，俞吾金、孔慧译，华东师范大学出版社，2019年版，第 16 页。译文有改动。

古希腊文脉，使人文主义思潮深入社会各阶层。安徒生尽管家境贫穷，可他却可以从爱阅读的邻居那里获得很好的学习资源和文学启迪，也可以从人人都喜欢的剧院演出中吸收很能激发人生思考的古希腊悲喜剧蕴涵的教育能量。

安徒生 14 岁就离开家乡，一个人闯荡首都哥本哈根。安徒生历尽艰难困苦，他的成长经历本身就像一部童话故事。①安徒生可以看作放任型家庭的成功个案。尽管类似的个案在真实生活中不少，如果将这类成功案例简单归因为放任型家庭环境，那就忽略了"幸存者偏差"的统计学意义。尽管没有相应的统计数据去判断在不同的人类历史文化阶段的放任型家庭环境的教育成败率，但日常经验也足以提示我们，放任型家庭环境会面临相当大的教育风险。特别是在今天这个人工智能的信息时代，我们有理由认为，凡是从小放任孩子使用智能手机的家长，毁掉孩子是大概率事件。

与放任型家庭形成极端对比的是权威型家庭。相比放任型家庭，权威型家庭中成长起来的孩子更懂得尊重权威，也更守规矩。权威型家庭也有大量的家庭教育的成功案例，例如，孔子的家庭生活环境就是权威型的。孔子没有见过自己的亲生父亲，全靠母亲颜氏将他抚养长大。颜氏是一位很要强的女子，而且一心想将孔子按那个时代的标准培养成人。尽管在孔子生活的春秋晚期，礼崩乐坏不断加剧，但一般人的日常生活却非常遵守礼教，而礼教的重要支点是等级和权威。

---

① 关于安徒生的野蛮生长式的受教育过程，请参见刘莘：《归去来兮：安徒生的童话世界》，广西师范大学出版社，2021 年版。

权威型家庭环境也易产生相应的弊端，例如，孩子守规矩且懂得尊重权威，但想象力和创造力可能受到压制，反而不如在放任型环境中成长的孩子。不过，我们通读《论语》，却感觉孔子是一个极有主见的人，而且孔子对中华文化有了不起的创造性贡献。从家庭教育的视野来推论，孔子的成就离不开他有一位敢作敢为的母亲。[①] 就像我们评估放任型家庭的教育成果离不开社会环境，权威型家庭在权威型的社会环境中更能发挥社会所看重的积极力量。孔子的文化创造即是在想要恢复周礼权威的前提下进行的。与之对比，在民主的社会环境中，更能与之匹配的家庭环境类型则是民主型的。

总体而言，杜威本人是在一个民主型的家庭环境中长大的。民主型家庭不会放任孩子，也不会仅仅依靠父母的权威去塑造孩子。要注意，家庭环境的三种类型并非截然分开的。真实情况可能是，一个家庭在某些事情上对孩子是放任的，在另一些事情上是权威的，而在其他一些事情上则是民主的。尽管如此，将家庭划分成三种主要的类型，是观察和反思家庭环境的合理起点和参照。一般而言，民主型家庭更趋向于与孩子沟通和交流，并且随着孩子的成长，更有可能在有合理分歧时尊重孩子的意愿。因此，将民主型家庭与其他两种类型的家庭划分开来的根本标志并非有爱或没有爱，而是有没有对交流的恰当理解和践行。

是的，交流构成了民主型家庭的教育环境，正像交流应

---

① 关于孔子成长的家庭和社会环境的叙述，请参见刘莘：《〈论语〉引导：进入孔子的精神世界》，广西师范大学出版社，2021 年版。

该构成具有民主理想的社会的政治环境。我们通读《民主与教育》能够清晰地感受到，在杜威那里，交流是教育理想和民主理想的共同支柱。以民主型家庭为例，我们来看看交流有哪些原则或内涵。交流双方并不具有事实上的平等，父母无论从体力、见识和财力上都远超未成年人子女，且子女越小，差距越大。在孩子很小的时候，即使是民主型父母，也会为孩子的行为边界划定红线，如影响到孩子和他人人身安全的行为。可见，深谙交流之道的父母，必须清楚交流的边界在哪里，而一旦超出了交流的边界，阻止孩子行为的就只能是权威。

除了有交流的边界，在交流的可能范围内，交流的不同形式也有其边界。语言交流只是交流的一种形式，人还可以通过表情、行为、环境营造等方式进行交流。在家庭生活中，对于越小的孩子，语言交流的效力越弱。因此，"行不言之教"往往是家庭生活中建立具有教育意义的亲子关系的关键。例如，要想让孩子从小爱上阅读，父母自己喜欢阅读是最重要的，因为孩子都喜欢在模仿中成长。如果父母不爱读书，只是把读书的道理讲给孩子听，很可能就会适得其反。孩子会敏锐地观察到父母的行为与他们讲的道理是相反的，在这种冲突中，孩子极易以类似于父母的行为去颠覆父母讲的道理。杜威对此有清晰的认识，他说，无意识的环境影响"微妙不定而又遍布各处，它深深地影响着性格和心灵的每一个方面"[1]。

家庭是社会的细胞，社会的基本结构会反过来影响到家

---

① 约翰·杜威：《民主与教育》，俞吾金、孔慧译，华东师范大学出版社，2019年版，第23页。

庭的类型。权威型社会助长更多的权威型人格，以这种人格为代表的成年人组成家庭后，更可能产生权威型的家庭文化。在《民主与教育》中，杜威虽并没有专门就家庭类型和家庭文化进行论述，但结合杜威的整个教育思想，有理由认为，杜威更青睐民主的家庭类型。理想地看，民主型家庭更懂得交流的重要性，更清楚不同交流形式的边界，更易于随着孩子年龄的增长而采取有效的交流手段去支撑他们的自主意识。自主同时意味着自律，意味着理性地遵循事物的内在原则。特别是在面临分歧的时候，在民主型家庭中成长的人更清楚如何以交流的方式和恰当的交流形式去弥合或尊重差异并作出选择。在民主型家庭中长大的人，更易于成为复杂民主社会中的负责任的理性公民。杜威一生坚持民主理想，他在晚年甚至说，"民主必须在家里开始"[1]。

---

[1] 杜威说，"民主必须在家里开始，而民主的家就是邻近的共同体"，这句话转引自刘放桐、陈亚军：《实用主义研究（第二辑）》，华东师范大学出版社，2020年版，第 80 页。虽然这句话有一个"而"字引出的转折句以表明杜威是在象征意义上使用"家"的，但由于家是人类共同体的最小和最亲密的单元，结合本章的上下文单独引用"民主必须在家里开始"也具有合理性。

学校环境

《民主与教育》于 1916 年出版，那时，现代学校制度已经建立并趋于稳固。现代教育是随着民族国家的兴起而发展的，既承担着为国家培养人才的责任，又秉承了人文主义尊重个体性的精神。不难看出，现代教育的这两重功能之间具有紧张关系。现代之前，欧美社会的教育职能主要由教会组织所掌控。教会在工业革命和科技逐渐昌明的时代具有天然的保守性。当国家也表现为一种保守力量时，两种保守力量就可能结合，强调教育的目标是要培养懂得服从权威的人，而无论权威是国家还是上帝。

现代教育的内在紧张特别体现在了班级教学和分科教学的制度设计上。从现代国家的视野来看，班级教学的优点是显然的。班级教学使知识传播更有效率，可为国家快速培养时代所需的人才。这个优点也体现在分科教学上，特别是随着标准教材的出现，知识传播就有了确定的程序。由于这套程序可以通过师资培训而得到快速复制，现代教育在规模、效率和目标实现上，已远非前现代教育可以比拟了。

现代教育的进步和贡献是无可置疑的，然而，在杜威撰写《民主与教育》的年代，现代教育的弊端也越来越凸显。班级教学在集体与个体的紧张中，天然强调前者而非后者。每个孩子都是独特的个体，在进入班级后，会发现有一个大于自己且与自己疏离的被称作"集体"的东西。这个集体与家庭非常不同，因为在正常而有爱的家庭中，孩子的利益和情绪总能受到充分关注和照顾。但在由陌生人组成的集体中，每个孩子的利益和情绪都没有特殊性。尽管平等理念是现代教育的人文主义基石，但集体中的平等是抽象的，是一个"X分之一"与另一个"X分之一"之间的平等。

可是，从孩子的视野来看，当他的利益或情绪未受到充分照顾时，他就会强烈感受到不平等、疏离和压抑。为了缓解这种感受，强调集体主义就再自然不过了。在集体主义的教育现实中，作为个体的孩子发现有一个更大的存在超越了自己，也超越了每一个个体。这个更大的存在本来是由个体组成的，但却易于被赋予超越个体的属性和道德地位。于是，当个体性彼此冲突时，或当个体性受到压制时，诉诸集体这个抽象而更高的存在以解决问题或缓解情绪，就成为一种集体意识或自觉，进而演变成了新的道德理论或心理技术。

必须承认，个体与集体的紧张是人类永恒的话题，这个紧张一旦消失，人"类"也将消失。所以，如果某种集体主义走向了完全压制甚至消灭个体性的极端，这种集体主义就必然是泯灭人性的。反之，也无法想象完全摆脱了集体的个体。确切地讲，孩子从入学之日起，他的心智就不得不经历"社会化"的充实和提升。杜威说，随着孩子心智的社会化，就获得了一种能力，就"是根据在各种关联的或共享的情境中事物的用途去理解这些事物。在这个意义上，心智就是社会控制的方式"①。换言之，当孩子习惯了集体主义的概念、话语和对待事物的方式，曾经困扰他的一些个人问题就消失了——要么解决了，要么压抑到了无意识之中。总之，他拥有了新的心智，他变成了一个"新"人。

集体之上还有集体。对于学生而言，班级、年级、学校，是层层上升的集体概念。随着集体层次的提升，集体也变得更抽象，越来越有一种凌驾于个人之上的特殊地位。特别是随着现代民族国家的兴起，国家成为个人归化的最高集体。国家有山川的雄伟秀丽，有英雄的传说和历史的荣耀，相比个人有近乎无限的资源调动能力。个人在国家面前是渺小的，像极了人在神面前是微不足道的。正是这个类比，揭示出了作为保守力量的教会与国家有一种潜在的默契，那就是，双方都强调教育要以更高的存在为导向或目标，都指向了个人不可僭越的权威。

源于欧洲的现代教育与政治和宗教的关系是复杂而微妙的。简要地讲，19世纪的欧洲人，在经历了各种宗教战争以及政治与宗教的冲突后，大都奉行"政教分离"的原因。即使是更趋向国家主义的普鲁士，也没有因为某些教派有助于维护国家的权威而使之在教育上有优先发言权。早在1794年，《普鲁士基本民法》就规定，儿童不能因宗教信仰的不同而被公

① 约翰·杜威:《民主与教育》，俞吾金、孔慧译，华东师范大学出版社，2019年版，第42页。译文有改动。

立学校拒绝录取，学校也不能强迫他们接受与其信仰不同的宗教教育。杜威的教育思想和他主导的教育改革兴起于19世纪末的美国，《学校与社会》作为他的一本传播很广的著作就出版于1899年。在《学校与社会》的开篇，杜威就声称，"社会只有致力于构成它的所有个体的充分发展，才有机会忠实于自己"①。杜威旨在说明，合理的社会必须充分照顾和发展个体性，而这样的社会只有奠基于民主理想才是可能的。

以上背景信息是为了强调，当杜威推动教育改革和发展他的教育思想时，他所处的社会历史条件，既继承了政教分离的传统，又非常不同于在他之前深刻影响了人类现代教育发展的、由普鲁士国家力量直接介入的教育改革。事实上，源于欧洲的政教分离原则，在美国的社会基本结构中得到了更加充分的体现。政教分离的"教"本来指教会，但由于教会在漫长的中世纪一直是教育事务的主要承担者，因此，政教分离也意味着国家不得插手总是与教会关联在一起的教育事务，包括宗教教育和道德教育。

美国宪法规定，联邦政府没有直接管理教育的权力。这就是为什么，在美国建国的两百年内，联邦政府都没有设立教育部。直到1979年，联邦政府才设立教育部，其职能主要在于合理使用国会的拨款以促进教育公平，而无权管理教师、学生、教材、教学和教育理念。尽管美国的州政府拥有教育权，但政教分离原则仍然要起规范作用，以至于在吻合州政府相关

---

① 约翰·杜威：《学校与社会》，刘时工译，华东师范大学出版社，2019年版，第2页。

法规的前提下，美国公立中小学大都有办学自主权，包括师资聘用权、教材选择权、课程设置权和教育教学改革权。事实上，直接影响美国公立学校办学走向和质量的是上万个学区，具有教育决策权的学区董事会则是由学区公民通过民主选举而产生的。学区的运行方式是，由本地税收特别是不动产税为学区提供财政支持，并由学区董事会聘任学区教育局局长以执行董事会的教育决定。这些基本信息有助于我们明白，杜威发起教育改革并撰写他的教育思想是在什么背景下进行的。

总体而言，在杜威撰写《民主与教育》的年代，美国公立学校的运转方式与今天并没有根本区别。除了公立学校，美国还有大量的私立学校。任何人或组织只要遵守州政府的相关法规，都可以申请创立私立学校，而私立学校之间是按照市场原则相互竞争的。当然，公立学校也有生存压力，因为学区的公民有择校和迁徙自由。所以，无论是私立学校还是公立学校，都致力于提升自己的教育教学质量，不是来自政府的外在压力，而是自身的内在动力。与之对比，奉行政教合一的集权国家体制下的学校，假如它们有自主办学权且有法治和市场竞争的环境，源于行政管控的教育问题就不会有产生的土壤。

即使是在政教分离的社会环境中，杜威也发现，孩子个体性的发展未能得到充分支撑的原因是多样的。与班级教学制紧密关联的，是课程、教材和教学的标准化，而这是塑造学校教育环境的更关键的因素。本来，标准化的课程、教材和教学模式的出现，是为了大规模地传递有效的社会经验，以弥合个人经验与社会经验的不对称鸿沟。可是，一旦有效的社会经验以固定的知识形式承载在教材中，就难以直接与孩子们的生活经验相贯通。在杜威看来，教育发挥作用的唯一办法就是为未成年人营造恰当的环境，通过环境的控制力量，影响未成年人的感受、思考和行动。他甚至说，"人们从不直接地进行教育，而是通过环境间接地进行教育"①。然而，学校的学习环境是以教材为基本媒介的，而以文字符号为载体的书面知识往往滞后于或脱离了由口头语言和行动所承载的鲜活经验。

本来，专为未成年人打造的学校环境必须过滤掉不合适的社会信息，也需隔绝对未成年人的健康成长有害的社会现象。学校环境是对社会环境的简化、纯净化和理想化，这个过程中，也容易丢失社会环境本来具有的活力。学校环境最核心的内容是学生借助课程活动和非课程活动与教师和其他学生的互动方式。在杜威看来，当学校的重心是教材和教师的讲解时，相应的教育教学环境就有制约经验生长并使经验板结化的危险，也必然会偏离民主与教育共有的底层逻辑——交流。

考虑到教学环境与非教学环境相互构成了教育环境，课堂教学的教育意义，无论是消极的或积极的，都不会被封锁在课堂内。如果学校之外的社会环境是民主的，意味着人们在社会生活中的交往经验是鲜活的，与社会环境形成反差的学校教育就不利于培养未来的民主公民。反之，如果学校之外的社会环境是不够民主或偏离民主的，在杜威看来，学校就更要营造民主的交流环境，以使未来的公民有能力发起或响应民主的社会

①　约翰·杜威:《民主与教育》，俞吾金、孔慧译，华东师范大学出版社，2019年版，第24页。

改革。总之，对学校教育的理解既离不开教材、教学、师生和生生交往的微观视野，也离不开民主和社会的宏观视野，而这两重视野的关联渗透，支撑着杜威对于教育本质的梳理和理解。

第三章

教育的目的

本章简要介绍了卢梭、福禄培尔、黑格尔的教育哲学，并对相关的社会历史背景予以解读。它不仅概述了杜威对这些教育思想的评论，同时也展现了杜威本人的教育思想的开阔与锐利。在讲解了杜威对教育复演论的批判后，本章解释了杜威的"教育无目的论"的真正含义是什么，并正面阐述了杜威心中的教育的目的。基于杜威看似矛盾的思想，本章还进一步解释了《民主与教育》这本书标题所示的孪生主题是如何关联起来的。

卢梭

在《民主与教育》中，杜威将他的实践主义教育观与一些著名思想家的教育观进行了比较，其中包括柏拉图、卢梭、福禄培尔、霍尔巴特和黑格尔。我们这本书的主标题是"教育的本质"，想要揭示杜威教育思想的基本特点。需要提醒的是，杜威是一位坚定的反二元论者，他从不在物质与精神、主观与客观、本质与现象、自由与必然、个人主义与集体主义、人文主义与科学主义这些看似对立的概念之间选边站队。这也意味着，他也不拒绝使用这些看似对立的概念中的任何一个。

要把握教育的本质，离不开对教育目的的探讨。如果使用"本质"这个术语是为了强调，教育现象的背后有某种类似于柏拉图理念论的永恒不变的东西，则是杜威要反对的。作为一位实践主义者，杜威会认为，教育的本质是在人这种高级生命体的教育实践中体现出来的，若没有教育实践，就既没有教育现象，也没有教育本质。因此，在杜威看来，教育的本质绝非一成不变地藏在某个永恒世界的东西，仅仅等待我们去发现。教育的本质是通过教育实践来揭示的，更准确的说法是，人在教育实践中，发现了应对教育问题和环境的有效手段，而对"目的—手段—环境—行动—效果"的整体把握，就构成了对教育本质的理解。

除了"本质"，我们还需要对"教育"与"学习"这两个概念作简要的区分。教育比学习的内涵更丰富，教育包括学习。学习有时指向具体的对象，如学习外语或学习数学，而教育关涉人的培养、成长和价值观的形成。我们有时会说，一个人某方面的学习很好，但对他的教育却是失败的，就暗示了上述区别。当然，如果学习的对象不是某些具体知识，而是在"学以成人"的意义上使用"学习"的，这个时候，学习与教育的内涵就会在"成长""成人"的意义上有所重叠。《民主与教育》探讨的教育思想家中，哲学家更多关注教育，而心理学家更多关注学习。

这一节要探讨的卢梭是18世纪法国多才多艺的启蒙巨匠。卢梭是杰出的文学家和思想家，启发了伟大的德国哲学家康德。卢梭的教育思想名著是《爱弥儿》。据说康德阅读这本书达到了废寝忘食的程度，不得已打破了他规律严谨的作息时间表，这佐证了《爱弥儿》在教育思想史上的崇高地位。《爱弥儿》是一部长篇教育小说，借助"我"对虚构的男孩爱弥儿的教育，传递了卢梭对于人、社会和教育的独特理解。

卢梭是现代教育的人文主义源头，后来的教育思想家，几乎无一不受卢梭的影响，杜威也不例外。卢梭高扬天性解放的大旗，声讨社会对人性的扭曲，他说，"偏见、权威、需要、先例以及压在我们身上的一切社会制度都会扼杀人的天性"[1]。

---

[1]　卢梭：《爱弥儿》，李平沤译，商务印书馆，2021年版，第6页。

杜威称赞道，卢梭的观念"以强有力的方式召唤人们去关注那些无视受教育者自然天赋的目标所存在的错误"[①]。毫无疑问，强调天性教育会唤起教育者对于个体的自然天赋和先天差异性的关注，有助于抗击标准单一的机械呆板的教育。

在《民主与教育》中，杜威引用了《爱弥儿》开篇的重要一段话："我们的教育有三个源头——自然、人与事物。我们官能和才能的自然发展构成了自然的教育。我们被教导如何去利用这种发展构成了人的教育。从周围对象中获得经验，则构成事物的教育。只有当这三种教育协调统一、趋向同一个目的时，一个人才能趋向他真正的目标。如果我们被问及教育的目的是什么，回答就是天性的目的。因为这三种教育既然必须协调配合才能保证它们的完满性，那么，完全独立于我们控制之外的那一种教育必然会约束我们去确定另外两种教育。"[②]引文中的"自然"与"天性"在西方语言如法语、英语、德语中，都是一个词，汉语根据不同的语境而有不同的翻译。因此，"自然"不能理解成与人的世界相对立的、只包括自然物和动植物的"大自然"，而要理解成天性意义上的自然。

卢梭想强调的是，天性的教育是在教育者的控制之外的。既然如此，天性的教育就会倒过来约束我们去对待或设计另外两种教育——人的教育和事物的教育。卢梭用"天性的教育"这个术语是为了强调，自然或天性不仅标明了教育的方向，而且人的天性发展是一种伟大的力量，任何教育都不能与

---

① 约翰·杜威:《民主与教育》，俞吾金、孔慧译，华东师范大学出版社，2019年版，第138页。

② 卢梭:《爱弥儿》，李平沤译，商务印书馆，2021年版，第8页。

第三章 教育的目的　　047

之相背。

但在杜威看来，卢梭把天性的教育、人的教育和事物的教育三者分离开来，意味着人的官能是可以自发发展的。确实，在上述引文中，卢梭说天性的教育是"完全独立于我们控制之外的"，而天性在杜威看来相当于天赋。不过，卢梭所说的"独立"允许两种理解。一种理解是，天性或天赋是可以离开另两种教育而独立发展的，这时，"独立"的意思是事实层面的。另一种理解是，天性的发展或教育是有独立标准的，这个标准不仅独立于人的教育[1]和事物的教育，而且要为它们确定方向和方法。按照这种理解，人的天性与个人的天赋是两个不同的概念[2]。杜威对卢梭采取了第一种理解，从而发现了在这种理解下的问题。让我们称这种理解为杜威式理解。

杜威指出，顺应天性或天赋潜能而运用这些潜能，与认为天赋潜能不需任何使用就能得到发展，是有本质区别的。这个区别意味着，认为天赋潜能能够自发地发展，这"完全是神话"[3]。杜威进一步指出，卢梭暗示天赋官能的构造和活动所提供的不只是它们发展的条件而且是发展的目的，他就"犯了很

---

[1] 卢梭所说的"人的教育"特指人为的教育努力，若违背了人的天性，"人的教育"则是越努力越糟糕，反之则是合理的。类似地，当卢梭使用"事物的教育"这个术语时，也需与天性发展进行对比，如果"事物的教育"有助于天性发展则是对的，若反而阻碍了天性的发展则是错的。

[2] 确实，在卢梭的意义上，人的天性包括普遍人性，而不仅仅是个人的天赋。关注普遍人性是包括卢梭在内的启蒙思想家的共同的核心话题，而杜威并不愿意离开经验的生长和交互去孤立地谈论所谓的普遍人性，这是卢梭与杜威的根本区别。

[3] 约翰·杜威:《民主与教育》，俞吾金、孔慧译，华东师范大学出版社，2019年版，第140页。

大的错误"[①]。

杜威的解释是:"在所有教育中,自然能力或天赋能力都提供驱动力和限制力,但并不提供教育的目的或目标。如果不从天赋能力开始,就不会有学习,但学习也不是天赋能力的自发充溢。"[②] 杜威想要表达的是,任何天赋潜能所要实现的目的,都离不开与之互动的环境。只有在应对环境的活动中,天赋潜能才能得到真正的发展,也只有在这个过程中,发展天赋潜能的目的才能变得清晰。按照对卢梭的杜威式理解,杜威对卢梭的批判显然是成立的,而这个批判也折射了杜威的教育观——独立于实践去谈论天赋或天性没有意义,无论是谈论天赋的自发发展还是天赋的自身目的,都是没有意义的。

卢梭的语言很有冲击力,有时还富有诗意,例如,他在《爱弥儿》的开篇就宣称:"出自造物主之手的东西,都是好的,而一到了人的手里,就全变坏了。"[③] 这种表达方式,难免给人二元对立的感觉,仿佛造物主的、自然的、天赋的就一定是好的,而人为的、社会的、后天的就是一定是坏的。杜威反对一切二元论,当他根据卢梭的文本而把卢梭解读成一个二元论者后,他对卢梭的直率批判就是可以理解的。

尽管批判卢梭,但杜威却不否认卢梭的历史贡献。在杜威看来,卢梭之所以将天性教育与社会教育相对立,是因为他将上帝与自然或天性视为同一。卢梭之前,人们普遍认为自然

---

① 约翰·杜威:《民主与教育》,俞吾金、孔慧译,华东师范大学出版社,2019年版,第140页。

② 同上。译文有改动。

③ 卢梭:《爱弥儿》,李平沤译,商务印书馆,2021年版,第6页。

的人性或人的天性是恶的，而卢梭的贡献就在于，他扭转了人们对人性的看法，从而彻底改变了人们基于原罪信仰的儿童观。杜威不愿意就人性的善恶问题落入二元论的非此即彼，所以他的主张是，天性或天赋潜能本身无善无恶，只是根据它们被运用的对象或环境，才可能发展成熟并获得道德含义。总之，在杜威看来，不能任由所谓的天性或天赋潜能自发发展，而是要为它们的发展提供一个可以激发它们的环境，而最大的合理环境就是吻合民主原则的社会。

在杜威看来，卢梭把天性自然的发展作为目标，有三个方面的积极意义。其一，把天性自然的发展作为目标，可使人们聚焦于身心健康和活力，这是成长的基础。其二，强调身心健康，自然就会强调运动，强调利用各种材料的玩耍和游戏。其三，天性自然体现在个体身上就是不同的天赋潜能，于是关注个体差异性和个体发展的多样性就是非常自然的。上述三点都意味着，要旗帜鲜明地反对整齐划一的呆板教育，这也是杜威坚决主张的。

在《民主与教育》中，杜威对卢梭的论述所花笔墨最多，肯定的部分也相当多，特别是在尊重儿童个性的立场上，杜威是卢梭的学生。在杜威的时代，神经科学已经有了长足的发展，杜威引用了一位当时的脑科学家的话来支持卢梭——"教育方法应该承认在天赋展现出来的巨大差异中成长的自然不均衡的动态价值，并加以利用。宁可不规则，也不要经过修整而整齐划一"[①]。

---

① 约翰·杜威：《民主与教育》，俞吾金、孔慧译，华东师范大学出版社，2019年版，第143页。

我们在前面提到了对卢梭的两种理解，杜威采取了第一种理解。我们以杜威的理解为线索，展现了杜威对卢梭的继承和批判，并间接展现了杜威教育观的特点。对卢梭的第二种理解，可称作康德式的，不把卢梭强调的天性等同于因人而异的天赋，而是等同于人之为人的普遍本性。康德式理解对天性或人的本性赋予了规范意义，认为人的教育和事物的教育都不能偏离人的本性。要将人的本性实现出来，当然离不开处于经验之流的事物的教育和人的教育，但这两种教育都以不偏离人的本性为前提。人的本性固然要通过教育才得以实现，但人的本性却有独立的标准，用以判断教育路径和方法是否合适。卢梭之所以强调天性的教育独立于人的教育和事物的教育，实际上是认为，必须参照由人的本性出发而规定的更高的且相对独立的教育标准，现实生活中的人的教育和事物的教育的优劣才能得到判断。

如果你觉得对卢梭的康德式理解有些费解，这是很正常的，因为康德是一位深刻的哲学家，而且他的思想风格很不同于杜威。本书的最后一章将再次提及对卢梭的康德式解读，那时，我们会借助康德的思想视野去展开与杜威的更深层次的对话。

福禄培尔

在《民主与教育》中，杜威对19世纪的三位德国思想家的教育观作出了评价，他们是黑格尔、福禄培尔和赫尔巴特。这一节我们借助福禄培尔的教育观去进一步了解杜威的教育观，下一节简要概述黑格尔的教育观，而与赫尔巴特相关的内容则要放到下一章来展开。福禄培尔出生于1782年，比黑格尔小12岁，他们的活跃时期都是19世纪上半叶。福禄培尔很有可能阅读过黑格尔，他的思想中能隐隐约约地看到那个时代的精神文化对他们的共同影响。现在，让我们穿越回19世纪上半叶的欧洲，看一看那时欧洲人的精神生活有怎样的特征。

卢梭生活的18世纪一般被称作启蒙时代，后经法国大革命，将自由、平等、人权、博爱等启蒙思想家认为的普适理念，逐渐传向了整个世界。与启蒙运动几乎同步的是18世纪后半叶发生的第一次工业革命，技术进步大大刺激了资本主义的生产方式和市场经济的发展。1776年，有两部文献进入了历史：一部是美国的《独立宣言》，可以看作启蒙运动的直接成果；另一部是亚当·斯密的《国富论》，以"看不见的手"的概念，开启了人类理解社会运行秘密的先河。19世纪的人类之所以对自身的理解越来越深入，得益于人类对自然世界的探索所取得的辉煌成就。科学为人类展现了一个本质上可以理解的自然世界，使人类对自身越来越自信。当阅读20世纪初出版的《民主与教育》时，我们也能感觉到这种自信透过杜威的笔力而跃然纸上。

不过，对人类科技能力的困惑和反思，自19世纪以来就从未中断。1818年，被后人公认为人类科幻史上的第一部长篇小说《弗兰肯斯坦》出版。《弗兰肯斯坦》讲述了一个人造怪物的故事，这个人造怪物最终逃脱了创造它的科学家的掌控。人造怪物与人类相互感到了威胁，小说细腻地描述了怪物的内心世界，对怪物和人类的命运都表达了深切的担忧。后来，英文的"Frankenstein"被用来专指可能反过来控制和异化创造者的被创造物。"异化"概念将会成为马克思反对资本主义生产方式的一个理论支点，而马克思降临人世正好是《弗兰肯斯坦》出版的这一年。

1843年，25岁的青年马克思撰写了一篇批判黑格尔的犀利文章，并说出了"宗教是人民的鸦片"的惊世名言。马克思的这句话在那个时代的精神氛围中，绝对是离经叛道的。那个时代科学兴起，驱散了不少与传统宗教信仰关联在一起的迷信。但人民群众普遍是信教的，包括绝大多数高级知识分子。知识分子的信教理由非常不同于迷信的普通民众，例如，他们相信有比科学技术更高的东西能帮助人洞悉更高的真理，才不致使科学技术变成不可控的"弗兰肯斯坦"。至于那更高的东西是什么，是道德、审美，还是人类的命运，人们之间有不少争议，但至高者只能是上帝，这却是所有信仰者确定无疑的。

正是在这个背景框架下，我们才能够理解福禄培尔的教育观以及杜威对他的批判。

即使从未听说过福禄培尔是谁的人，也受益于这位杰出的教育家。这是因为，福禄培尔推动了学前教育，并发明了"der Kindergarten"这个德语词。这个德语词后来被英文沿用，而翻译成汉语就是"幼儿园"。今天，很少有人能够想象，在普鲁士的专制政权眼中，创办幼儿园是不利于社会稳定的，幼儿园一度被定义为"非法组织"长达十年之久。福禄培尔是卢梭的追随者，认为保护孩子的天性是至关重要的。不过，什么是孩子的"天"性呢？汉语的"天"有至高无上的含义，所以有"天理"这个词，而欧洲人心目中的至高无上者就是源于犹太-基督教的上帝或神。因此，在虔诚宗教信徒福禄培尔的心中，谈论人的教育或天性教育就不可能不谈论神性。否则，我们就不能回答人从哪里来，要到哪里去的培养方向问题。

而通读杜威的《民主与教育》，以及杜威的其他教育和哲学著作，都看不到福禄培尔这样的宗教情结。因此，不难想象，深受达尔文进化论影响的杜威，一定不满意福禄培尔的教育观的基本出发点。不过，即使在出版《民主与教育》的1916年，美国的宗教氛围也相当浓厚，杜威并不愿意在他的著作中像革命导师马克思那样以激进的语言去刺激他的同时代人。

杜威的批判限于福禄培尔所主张的教育发展观。在福禄培尔那里，人的天性是与永恒的神性关联在一起的，这为人的天性发展或展开指明了方向。杜威对这种观念的批判是："既然成长只是朝向完善的存在的运动，最终理想便是稳定不变的了。一个抽象不定的未来就受制于所有贬低当下力量和机会的因素。"① 杜威担心的是，既然教育者已经知道了什么是"完善"的标准，所以教育者唯一能够做的就是诱导儿童的思考和回答，从而得到教育者想要得到的答案。换言之，如果教师从一个儿童那里得到了想要的答案，就证明这个儿童的精神正在合理地展开或发展；若得不到想要的答案，就反过来证明这个儿童的精神发展是有问题的。

福禄培尔要发展儿童的天性，就要致力于寻找与上帝创世相关的、具有象征意义或证据的东西。尽管都是信仰上帝，福禄培尔与中世纪的教育实践却有云泥之别。中世纪教育的最重要目的，是以附着于宗教或道德教诲的纪律去约束儿童，把儿童顺应天性的活动当作原罪的证据。而在福禄培尔这里，发展儿童的天性与见证世界的神性是一枚钱币的两面，这无疑应归功于卢梭。这就意味着，要为儿童寻找具有象征意义又可被他们理解的东西。在福禄培尔看来，这些东西就是各种符号。按照这种想法，当符号呈现给儿童时，沉睡于儿童内心的"整体"或"完善"便被唤醒了。一个例子是，幼儿园的孩子习惯于围坐成一个圆圈。在福禄培尔看来，圆的含义并不是为了便于组织孩子，而是因为圆是代表人类和谐的集体生活的普遍符号。

杜威的评价是，福禄培尔囿于"成长就是按照潜在的原则而展开"这一观念，因此，他就意识不到，成长是不受制于

---

① 约翰·杜威:《民主与教育》，俞吾金、孔慧译，华东师范大学出版社，2019年版，第71页。译文有改动。

符号象征的先天目标的。由于有了在先的目标预设，福禄培尔的观念反而阻碍了成长或发展。因为，在杜威看来，成长和发展就意味着面向可能经验而处于经验开放状态，对于个体是具有不确定性的。因此，杜威说，福禄培尔的目标"就经验而言是空洞的，代表着一种含糊的情感愿望，而非任何可由理智清晰把握和陈述的东西"①。当福禄培尔以符号化的类比思维去确定儿童的发展目标时，由于这套技法的缔造者和控制者是成年人，就阻碍了教育者从儿童的视野去看问题。杜威的总结是，"福禄培尔对抽象的符号主义的热爱常常击溃他饱含同情心的洞见"②。确实，福禄培尔本来是有儿童视野和立场的，他的许多教育实践和洞见也有重大贡献，但在杜威看来，他的教育观却阻碍了他洞见教育的本质。

---

① 约翰·杜威:《民主与教育》，俞吾金、孔慧译，华东师范大学出版社，2019年版，第 72 页。译文有改动。
② 同上，第 73 页。

黑格尔

黑格尔是伟大的哲学家，他在人类思想史上的地位是福禄培尔无法相比的，而在教育思想上的贡献则是间接的。但是，在杜威看来，黑格尔与福禄培尔对教育的理解都有类似的底层逻辑，深深地打上了那个时代的精神烙印。黑格尔与福禄培尔都强调人的精神发展，但却都预设了类似的前提——所谓发展，就是要把潜在状态的精神胚胎向着它完善的样子实现出来。关于黑格尔的哲学，我们没有办法在这里进行全方位的探讨，何况，黑格尔的哲学素来以晦涩著称，即使是专业的黑格尔研究者也会有不少困惑。需要提及的是，杜威本人早年对黑格尔的哲学作过系统研究。杜威后来创立"实践主义"算是彻底从黑格尔的强大话语中挣脱了出来，但熟悉黑格尔的读者在阅读《民主与教育》的过程中，仍然能够感受到黑格尔的反二元论和整体主义思想风格对杜威的影响。

黑格尔哲学的核心概念是"精神"，他的名著《精神现象学》被马克思称作黑格尔哲学的秘密所在。"精神"这个概念在黑格尔那里有三个层次的含义。概略地讲，黑格尔以"主观精神"指称个人层面的精神，以"客观精神"指称国家层面的精神，以"绝对精神"指称精神的最高层面。黑格尔的精神是沿着确定的逻辑路径发展的，由抽象贫乏到具体丰富。在这个发展过程中，精神会不断实施自我分裂或自我否定，精神只有在扬弃自身的历史过程中保持住了它的同一性和整体性才具有实体性和真理性。精神在它的螺旋上升之路上，会以主观精神、客观精神和绝对精神的面貌依次出现，当精神认识到自己的历史过程就是整个世界时，精神就以完整的内涵返回了它自身，而这整个过程就是真理的展开过程，既是主体的，又是客体的，既是精神的，又是物质的。

如果以上对黑格尔哲学的高度浓缩的概括使你感到困惑或有困难的话，这很正常，因为黑格尔的整个哲学体系就是为了证明作为精神的世界是如何可能的。我们可以换个方式来理解黑格尔。设想，如果整个宇宙要理解和认识它自身，会怎么办呢？唯一的办法是，宇宙必须在一定的逻辑框架下演化万物，形成了具有自我意识的高级文明后，才可能返回对宇宙本身的理解。这种返回的企图可能是失败的，而宇宙的自我认识只有在经历了一次次失败而获得最终的突破后才有可能。黑格尔当然相信，他对精神的自我认识历程的描述是正确的，仿佛他这个个人的主观精神就承载着精神运行的整个过程。这的确显得相当自大，难怪黑格尔会用"绝对精神"去描述精神的终极的自我理解和实现。

显然，只有上帝才有资格称作绝对精神，而上帝或绝对精神又只有借助黑格尔时代的高级文明，以及在整个历史过程中酝酿出来并在黑格尔那里抵达巅峰的思想，才能在自我理解中获得自我实现。黑格尔的抱负尽管听起来很独断，却不可否认他的思想中有天才般的形而上想象，而且充满了思辨的张力。但要注意，黑格尔的绝对精神与基督教的上帝是不同的。黑格尔的思想方式既不能等同于传统的宗教，也不致力于与科学唱反调，他只想以超越科学实证的辩证法去说明世界的精神本质。

与我们的主题相关的是，在黑格尔看来，个人的精神不过是精神本身发展过程中的偶然环节，且在精神发展的不同历史阶段，个人的精神样态也是相应变化的。在精神对于自身的认识走向成熟的过程中，作为主观精神的个人精神就必须向着更高的精神提升并融入其中后才具有现实性。用黑格尔的话讲，特殊性和偶然性需在维系自身的同时上升到普遍性和必然性。理解了黑格尔的精神之旅，就能解释为什么要有教育事业了。未成年人学习识字读书，学习数学物理，就是要在自身的偶然性和特殊性中扬弃它们，而获得对于必然性和普遍性的理解。凭借日常观察就能看出，大凡未受过教育的人，不得不深陷偶然性和特殊性的盲目性之中，而受过教育的人才更有可能摆脱自己的偶然性和特殊性，包括情绪、身体特征和具体利益。

黑格尔的教育观隶属于他的政治观和社会观。在黑格尔的时代，民族国家正在形成，他深刻地意识到了国家以政治权力对于社会生活予以整合的必要性。在黑格尔看来，个人要能够自我实现且获得自由，就不能停留在自己的狭小的自我意识中，而必须融入更大的集体，直至参与以国家为代表的客观精神的运行和发展。在黑格尔的晚期著作《法哲学》中，他甚至说出了如下看起来不可思议的话："在谈到自由时，不应从单一性、单一的自我意识出发，而必须从自我意识的本质出发，因为无论人知道与否，这个本质是作为独立的力量而使自己成为实在的，在这种独立的力量中，个别的人只是些环节罢了。神自身在地上的行进，这就是国家。"①引文中的"自我意识"，不能从个人的角度去理解，而必须从黑格尔主张的超越个人的精神角度去理解。在这段引文中，黑格尔甚至把国家比喻成神，比喻成一种远超个人的值得仰望的力量。

让我们从黑格尔的晦涩哲学回到现实来看看这对教育意味着什么。想一想，当福禄培尔的幼儿园被国家宣布为"非法组织"时，将国家视为神的人和不将国家视为神的人，他们的态度一定有巨大的区别。前者倾向于顺从，因为国家是代表至高真理的神，后者倾向于质疑，因为他们心中的国家不过是人的世俗组织，而这就会产生该组织是否合理、正当或有效的话题。前者会认为国家具有最高的教育权，后者趋向于认为人的发展有独立于国家的标准，国家在教育上有不得僭越的边界。黑格尔式的思维方式更易支持政教合一的国家观，而反黑格尔式的思维方式则趋向于支持政教分离的国家观，而且不会认为个人只有附属于国家才有现实性。那么，杜威如何看待黑格尔的教育观呢？

杜威认为，在反对原子式的个人主义上，黑格尔有显然的贡献。黑格尔深刻地认识到，人只有在社会媒介中才能成为个人，而不能把孤立的个人设想为实体。基于黑格尔式的视野，才不会把人的心灵完全看作个体的，才能认识到人的心灵

---

① 黑格尔：《法哲学原理》，范扬、张企泰译，商务印书馆，2016 年版，第 258 页。

很大程度上是集体智识的产物，是受家庭、学校和各种社会组织的塑造才具有了现实性。简言之，黑格尔使人意识到，作为集体的意识或精神本身有其结构和历史，任何个人意识都必然会或多或少打上前者的烙印。但杜威同时指出，由于黑格尔对于精神发展持过强的历史逻辑且过于看重国家整体的力量和意义，国家之内的个人和各种社会组织就缺乏必要的自主性。而黑格尔哲学保守的一面反映在教育上就是，"教育的本质是顺应，而非改造"[①]。

在黑格尔眼中，历史上的国家盛衰是世界精神运行的结果，只有天选的英雄才能参与其中，普通个人是与之无缘的。杜威指出，到 19 世纪晚期，黑格尔的哲学与生命进化论的学说混合起来了。按照这种理论，"进化"意味着向着目标不断前进的能力，在"进化"的伟大力量面前，个人有意识的观点和偏好都太渺小而不值一提。甚至可以说，这些有意识的观点和偏好不过是"进化"实现自己的手段。按照这种混合了进化论的想法，社会进步就是一种将内在潜能开发出来的有机的成长。然而，在杜威看来，达尔文的进化论给人最重要的启发却是，进化是试验性的和试错的选择，而非按照已知的目标的前进或进步。

尽管杜威肯定了黑格尔的思想贡献，但这种思想在政治上和教育上都可能成为专制主义的思想武器，与民主理想是背道而驰的。关键在于，在黑格尔式的社会中，人的个体性完全

[①]　约翰·杜威：《民主与教育》，俞吾金、孔慧译，华东师范大学出版社，2019年版，第 74 页。

居于次要的位置，甚至会被完全取消。黑格尔式的有机观念惯常将个体比喻为生命体的不同器官，而将社会比喻为生命体本身，这就意味着，个人应该在作为有机体的整体中根据整体的需要而各司其职。在杜威看来，这种观念与现代教育观是正好相反的，因为它"在教育上的运用不是指成长，而是指外在的支配"[①]。

　　顺便说一下，黑格尔的思想方式深刻地影响了马克思，通过我们相对熟悉的马克思去了解黑格尔是一条有启发的路径。杜威不是一个马克思主义者，但他对马克思有足够的尊重，就像他对黑格尔有严厉的批评。如果说黑格尔和马克思都代表了偏向"集体主义"的思维方式，杜威就代表了更偏向"个人主义"的思维方式。当然，这样的标签有一定的误导性，因为我们读马克思可以读到对人的个体性的尊重，而读杜威也可以读到对集体主义甚至社会主义的优点的肯定。《民主与教育》作为一本教育哲学的著作会很自然地涉及政治哲学和社会哲学，从而能帮助我们在更深的层面和更开阔的视野上去理解教育的本质。

---

① 约翰·杜威:《民主与教育》，俞吾金、孔慧译，华东师范大学出版社，2019年版，第75页。

教育有目的吗

杜威否定了福禄培尔的上帝视野的教育发展论，也否定了黑格尔以绝对精神为归宿的教育发展论。这两种发展论持有一个共同前提——人有自己的精神胚胎，应该按照精神的发展规律而成长。只不过，对于精神胚胎和精神的发展规律的理解，福禄培尔与黑格尔是大相径庭的。福禄培尔与黑格尔都活跃于19世纪上半叶，那个时代在生物学上的研究积累，为1859年达尔文发表《物种起源》奠定了基础。尽管他们的思想借助了"胚胎"这样的生物学术语，但与达尔文的自然选择学说却是南辕北辙，杜威对此有清晰的认识。

在《民主与教育》中，杜威还对借生物学知识而进行类比的教育复演论进行了批判。解剖学使人意识到，个体生命的发育很像是在再现物种的演化过程，如人的胚胎中就有类似于鱼的"鳃弓"，随着胚胎的发育，鳃弓会发育成不同的组织，而不会发育成鱼的鳃。教育复演论认为，婴幼儿在精神和道德上都处于原始状态，他们就像人类祖先那样有掠夺的本能。于是，教育复演论者就推论到，适合这个时期的儿童的教育题材就是人类祖先创造的神话、民间传说和歌谣。随着儿童的成长，他们将依次经历文明的各个阶段，最终抵达适合参加现代生活的文明阶段。教育复演论是一种回溯性的理论，相信心灵必须依其发育的不同阶段而效仿过去。教育复演论者相信，心灵在多大程度上效仿过去的精神遗产，就能在多大程度上受到充分的塑造。

在杜威看来，教育复演论显然是错误的。首先，教育复演论的生物学类比是错误的。个体的生命历程不可能严格经历生命形式从低级向高级演化的全过程，如果那样，生命演化就是不可能的。其次，教育的意义就在于，要弥合个人经验与人类经验之间的差异，这就要求缩短以个体去再现文明各阶段的路径。杜威认为，教育复演论没有意识到，"不成熟的巨大优势就在于，可使我们将未成年人解放出来，而不必停留于已完成的过去"①。杜威的意思是，未成年人的社会环境，是由文明人的感知和思维习惯引发的当下行为所构造的。忽略当下环境对未成年人的指导性影响，简直就放弃了教育的功能。确实，教育复演论天然具有保守主义的气质，它对过去的亦步亦趋的重视，会导致对鲜活的当下经验的漠视、封闭或抛弃。

以我们中国人熟悉的对待传统文化的不同态度，可以佐证杜威的看法。今天的未成年人，是在人工智能的环境下成长的，但我们又有悠久的文化传统。如果按照教育复演论，未成年人必须充分学习传统文化之后再进入当代文明才是一个正常的顺序。有些国学班或者以传统文化为导向的学校，就具有类似于教育复演论的观点，机械地使用《三字经》《弟子规》作

---

① 约翰·杜威:《民主与教育》，俞吾金、孔慧译，华东师范大学出版社，2019年版，第90页。译文有改动。

为现代儿童的启蒙教材。另一种观点认为，以现代文明的视野来看，传统文化精华与糟粕并存，必须依据人类普遍有效的经验对传统文化的教育内容予以筛选，才有利于未成年人的成长。持这种观点的人就较易理解杜威下面这段话："把过去的成就和遗迹作为教育的主要材料，其错误在于割裂当下与过去的活生生的关联，把过去作为当下的一个竞争者，并或多或少地把当下视为对过去的没有出息、徒劳无功的模仿。在这种情况下，文化成为一种装饰、一种安慰、一个庇护所、一个收容所。"[①]

杜威的教育观反对将人的经验封闭于过去，在他看来，教育的根基是当下的成长。可以说，教育复演论最大的问题是按照生物学的线型时间来类比人的文化和成长。事实上，在真实的人类生活中，时间往往以非线型的方式展开意义域。人固然无法摆脱过去，但对过去的不同理解却能使人以不同的方式面对过去。类似的，未来虽未到来，但对未来的想象或愿望却可以影响到当下的决定和对过去的看法。从这个意义上讲，人的经验在时间中的展开方式是非线型的，不可能完全束缚于过去。基于对经验的这种理解，才更能体会杜威对教育复演论的精彩批评——人应当"从当下的粗陋中挣脱出来以生活于想象的文明中，而不是以过去为师而使粗陋变得成熟"[②]。

在《民主与教育》中，杜威批判了不同的教育观，我们在这一章集中呈现了杜威对天性教育、教育发展论和教育复演论的批判。事实上，"教育的目的是什么？"是任何一种教育

---

① 约翰·杜威：《民主与教育》，俞吾金、孔慧译，华东师范大学出版社，2019 年版，第 93 页。
② 同上。译文有改动。

观的核心问题。在杜威看来，教育的目的不是发展与社会隔绝的人的天性，不是按照上帝或绝对精神的启示去发展精神的胚胎，更不是复演人类文化的旅程。那么，教育的目的或目标究竟是什么？杜威又是怎样面对这个问题的呢？杜威指出，教育就是要使受教育者具有可持续成长的学习能力，或者说，使受教育者有能力接受持续的教育。杜威强调，这个教育目的只有在追求民主理想的社会中，才是对所有人普遍有效的。杜威坚决反对的是教育的外在目的论，仿佛教育仅仅是通达高于教育的政治或社会目的的手段或工具。换言之，教育的目的必须以教育为本。

教育的核心是成长，当不以教育为本时，教育者就容易以各种"应当"的名义去戕害成长和教育。一旦教育者以外在的目标去看待教育，"你应当这样或那样"的教训就会成为被教育者的噩梦。在杜威看来，由于外在目标并不鼓励被教育者运用自己的心智进行预知、观察、选择和表达，它们"就限制了智能；由于目标是被给定的，它们就必须通过外于智能的权威而强加于人，从而使智能沦为机械选择的手段"[1]。如果这是样，就以"教育"的名义违背了教育，也违背了民主的理想和原则。

与外在目的论对比，杜威希望教育者能切换到受教育者的内在视野去理解教育。杜威强调，内在的或内生的目标一开始都是暂时性的，真正的目标包含着灵活性，可调整或变更。内生的目标之所以有价值，是因为我们能用目标来改变现状和扩展经验。抽象遥远的外在目标，往往脱离成长者的实际

---

[1] 约翰·杜威：《民主与教育》，俞吾金、孔慧译，华东师范大学出版社，2019年版，第128页。译文有改动。

经验，既然如此，掌握权力的教育者就可能以各种理由或借口对目标进行随意设立或更改。而站在未成年人的经验生长的视野来看，外在目标与他们是隔阂的。由于迎合权力对于人性是如此自然，各种外在目标就可能自然地助长虚假甚或伪善。相反，内在目标是真实的且具有实验性质，因此，教育者就必须"考察学生当下的经验状态，形成一套实验性的应对计划，并随着实际情形的发展而修正它"[1]。

为了强调目的的内生性质和经验的多样性，杜威甚至说出了这样一段看似极端的话："教育就其本身来说，没有目的可言。只有人，即家长、教师等等，而非教育这一抽象的概念，才有目的。因此，他们的目的是无限多变的，因不同的儿童而异，随儿童的成长而变。"[2] 这段话强调的重点是，像"教育"这样的抽象概念本身是不指示目标的，说教育有目标或目的，都离不开具体的人的目的，而包括未成年人在内的具体的人，其经验是不断生长的，因此目标也是多样的。教育的目标绝不能依"教育""国家""社会""人类"这样的抽象概念而设定，而必须基于鲜活的经验生长。由于杜威有上述看似极端的言论，就可能助长这样一个想法，认为杜威强调教育无目的，教育就可以不受任何约束而有无限的实验空间。

通读《民主与教育》，有理由认为，当杜威主张不能依赖抽象概念而引出教育目的时，他实际上是在强调他所认定的教育的第一性原理——经验的生长、交流、实验和重构对于成长

---

[1] 约翰·杜威：《民主与教育》，俞吾金、孔慧译，华东师范大学出版社，2019年版，第129页。
[2] 同上，第131页。译文有改动。

和教育具有本源意义。只要坚持这个第一性原理，就可以对人在教育活动中体现的目的予以恰当的说明。

首先，从社会的宏观视野来看，教育的目的就是要将知识与未成年人的经验打通，帮助他们学会应对环境的知识、技能和思维，通过他们的成长而使社会能够以教育为桥梁实现永续发展。这个社会视野解释了人类为何要创办学校。其次，从个人成长的微观内在视野来看，教育的目的就是要让未成年人有持续受教育和成长的能力，使他们能够享受成长和教育过程，并能根据自己的天赋和兴趣而自主设定人生的阶段性目标。这就意味着，教育要能够大胆支撑未成年人的经验生长的实验，在挫败和成功的交替过程中启发他们的想象力和创造性。

最后，根据《民主与教育》的两个关联主题，教育既是民主的有机构成，也是使民主理想得以在社会中广泛生根的前提。因此，至少在现代性的社会条件下，且在不违背上述两个教育目的的前提下，教育的目的应该包括为未成年人树立吻合民主理想的价值观。需要说明的是，作为实践主义者的杜威不会认为，人类的价值观具有某种先天来源。杜威认为，价值观不过是人类经验为有效应对环境而作出的合理选择。在杜威撰写《民主与教育》的 1916 年，人类已经完成了第二次工业革命，科技的高速发展使人类的生存环境和应对环境的能力都发生了极大的改变。在杜威看来，民主社会之所以优于别的社会，就在于民主社会支持的人与人的交往方式可以创造更多的人类经验和知识，以应对人类面临的新机遇和新挑战。既然民主价值是教育的重要支撑，就反过来要求教育者将民主价值观与未成年人的正在生长的经验进行合理嫁接，并使二者相互促进。

第四章

经验与学习

本章探讨两个问题：第一，经验是如何生长的；第二，学习是如何可能的。这是两个相互关联的问题，对它们的理解和回答有助于凸显杜威教育思想的核心内容。本章还探讨了以洛克为代表的"形式规训"理论，以及赫尔巴特的统觉理论。借助赫尔巴特思想的贡献和局限，反衬出杜威实践主义哲学在教育上的彻底性。特别值得注意的是，杜威通过反对赫尔巴特的"师道至上"论，将教师从单向输出的教学活动中解放了出来，才使经验生长、自主学习和教学相长同时得以可能。

经验生长的法则

可塑性是成长的前提条件，也是生命的基本属性。人可以训练马或狗为人所用，这说明动物也有可塑性，但我们却不说人在教育动物。与之对比，人也可以受到训练，如教练训练运动员，但我们也不会将教育等同于训练。那么，当谈论教育时，我们究竟是在谈论什么？在杜威看来，谈论教育，必然离不开谈论人的成长。

如果进一步追问，什么是人的成长，答案显然不可能是自然年龄的增长。在日常生活中，我们看到，有些人年纪轻轻就失去了成长的可能性，成为令"小王子"①害怕的大人的模样。另一些人尽管年龄很大却仍然有可塑性和成长的空间，他们是一个个鲜活的"老顽童"。在杜威看来，区别在于，前者的经验是封闭的，而后者的经验仍然处于开放和生长状态。这就把我们引向一个关键问题——经验是如何生长的？

我们先来看一个日常现象。有的教育者喜欢讲道理，把

---

① 《小王子》是脍炙人口的世界儿童文学名著。小王子是童真的代表，他对大人世界的功利很是不解，因不堪忍受平庸和孤独而选择离开了地球。

讲道理作为教育的主要手段。可仔细观察我们就会发现，讲道理在很多情况下收效甚微。频繁讲道理，特别是用一些抽象概念讲道理，有时甚至会有相反的效果，会激发未成年人的逆反心理。当讲道理效果不好时，教育者就容易走向另一个极端——认为教育就是用奖惩去规范未成年人的成长，相信建立行动的条件反射比讲道理更有效。这两个极端看似冲突，共同点却是，都没有尊重未成年人的经验生长。杜威却说，"哪里有生活，哪里就有充满激情和渴求的活动。成长不是对成长者做什么，而是成长者做什么"[①]。杜威想要强调的是，只有在充满激情和渴求的经验开放的活动中，人才是在生活，否则，就只是活着——僵化地活在已经失去可塑性的、封闭的经验中。

杜威对生活的这种看法适用于所有人，包括成年人和未成年人。可是，未成年人是处于成年人的生活环境中的，特别是，未成年人在学校的成长受制于教师的眼界和视野。未成年人是天然的弱势方，学生之于教师，类似于孩子之于父母。然而，纵观人类的教育历史，对"教育"的定义都是强势方作出的，所谓"传道""授业""解惑"，皆是从教师的角度来理解的。但在杜威看来，若不从未成年人的经验生长的视野出发，只站在拥有权力的教育者的角度去理解教育，都是片面的，既不能把握教育的本质，也不吻合民主精神。离开经验生长就无法理解教育，所以杜威才强调，不能从教育者"对成长者做什么"的外在视野，而要从"成长者做什么"的内在视野去理解

---

① 约翰·杜威：《民主与教育》，俞吾金、孔慧译，华东师范大学出版社，2019年版，第53页。译文有改动。

教育。"视野转换"用文字表达看起来很简单，可要在教育上将其实现出来，却不是一件容易的事情。

视野转换意味着教育者要学会放权，要有"生而不有，为而不恃，长而不宰"的胸怀。《民主与教育》并未就教育的权力话题进行充分探讨，一个重要的原因是，政教分离本来就是《民主与教育》的社会背景条件，教师不会像在权力主宰一切的社会中那样过于受权力意识的制约。而在教育由政治或行政权力层层把控的社会里，教师自然会受到权力弥漫的无意识影响。在这种情况下，教育者就更容易把"教育"与"管理"或"管控"画上等号。既然教育是一种管理，就会导致从拥有权力的教育者的角度去思考问题的片面性，也会导致以管理思维去取代教育思维的行动误区。

杜威强调的视野转换还面临别的困难。教育无疑具有面向未来的功能，因此教育者习惯将未来概念化，并使之成为受教育者的出发点。可是，概念化的未来对孩子几乎是无意义的，无论相应的概念涉及的是个人未来的人生成就，还是人类未来的全面解放。以概念化的未来去驱动孩子的成长，类似于用抽象的道理去压制鲜活的经验，都忽略了经验的生长总是具有当下性。只要忽略了当下，就会在无意识中把教育活动比喻成一个填充动作，教育者不过是要"把知识倾倒进等待填补的精神和道德的空洞"[1]。在杜威看来，这种教育观之所以错误，就在于没有从经验生长的内在视野去理解"不成熟"的积极的

---

[1] 约翰·杜威：《民主与教育》，俞吾金、孔慧译，华东师范大学出版社，2019年版，第64页。

教育含义。不成熟意味着可塑性，而儿童可塑性的直接表现就在于，他们生活在当下，"这一事实非但不应该加以规避，反而是他们的优势之所在"[①]。

与儿童相比，成年人经常会因概念化的未来而产生焦虑。一旦成年人处于焦虑状态，成年人的注意力就会受到纷扰，整个人难以产生全力以赴做某事的、活在当下的心流或福流[②]。反观儿童，他们在不受外力压制的状态下，往往能够被有趣的事物吸引，或直接创造有趣的事物。他们的未来就是不断涌现的当下，只可能诞生于他们的直接经验的涌动，属于鲜活的经验。

例如，《窗边的小豆豆》之所以深受孩子和大人的欢迎，就在于书中的孩子都没有受概念化的未来污染，他们在当下的经验生长中，享受生活、学习和成长。孩子当然也懂得区分过去、现在与未来，但他们的未来是直接脱胎于当下的，而非概念性的。小豆豆想要帮助残疾的阿泰爬上一棵树就体现了她对未来的筹划，但那却是具象的，受特定的情感和愿望驱动。阅读这个故事，我们分明可以感受到小豆豆的专注和勇敢，她所承担的风险，以及在困难中通过创造性的办法而最终达到目的的喜悦。能够全身心聚焦于当下经验的涌动，在不断变化的经验之流中迎接挑战和激发创造性，这就是儿童经验的特征。恰当理解儿童经验的生长过程，是针对以教育者为中心的教育观

---

① 约翰·杜威：《民主与教育》，俞吾金、孔慧译，华东师范大学出版社，2019年版，第68页。
② 心流或福流是英文"flow"的中译，是积极心理学术语，表示专心做某事而遗忘外在困扰或焦虑的、充满创造性而又幸福的状态。

的一副解毒剂。

当然，即使懂得了经验生长的重要性，且在认知上作了视野转换，也不等于教育活动就会一帆风顺。经验的合理生长既离不开当事人的主动实验和试错，也离不开教育者的直接或间接的指导。重要的是，教育者需就经验的内容和形式作出区分。经验的内容包括感受、记忆、愿望、信念，经验的形式则涉及认知方式、态度和情绪模式。例如，张三是一个未成年人，他的经验内容远比作为成年人的李四贫乏，但张三思维更有逻辑，面对困难时的态度更积极，并且情绪热烈而不走极端。我们就有理由认为，张三的经验形式优于李四，随着张三的成长，他的经验内容将会得到更好的筛选和架构。当教育者深刻地理解了经验形式与内容的区别，教育活动就有了明确的方向。

相对而言，教育者应该花更多的精力于未成年人的经验形式的健全生长，指导他们获得能够有效面对不确定性的经验形式，如开放的心态、反思的习惯和创造性的需求。由于经验形式的生长是不可能孤立于经验内容的，教育者就需要一方面鼓励未成年人在经验之流的不确定性中探索和巩固合理的经验内容；另一方面，又要在这个过程中启发或指导有效经验形式的沉淀。

以《绿山墙的安妮》这部很有教育意义的世界文学名著中的情节为例，可以很好地例证上述观念。安妮是个孤女，她命运的转折点始于10岁时一对成年兄妹阴差阳错地收养了她。安妮是一个特别富有想象力且不循规蹈矩的女孩，她的悟性很高，很小就悟到了人的心智成长的秘密。安妮认为，人要成长离不开对一些大问题的关注，如关于宇宙、上帝、善恶的问题。这些大问题对于一个孩子而言太难了，但关注这些大问题所需的经验形式，非常不同于只知道分数和竞争的、封闭于狭小局促生活中的经验形式。前者更易获得向上生长的空间，更可能激发对于世界的好奇心和开阔的胸襟，后者则更可能是单向度的和内卷的。

安妮富有想象力且愿意"放纵"自己的想象力，这使她的经验生长非常不同于其他孩子。可"放纵"自己的想象力也使安妮吃到了各种苦头，甚至差点儿丢掉自己的小命。幸亏在学校里安妮遇见了很好的老师，知道如何引导安妮在运用她的想象力的同时对想象力予以规范，使安妮的经验形式得到了提升，从而使经验内容变得更有秩序和更有成效。有了这个基础，安妮更加懂得如何有效管控和利用自己的想象力，使她在跌跌撞撞的经验的自由生长中获得了身心的健康成长。安妮的想象力没有受到概念化的未来的约束，她总是沉浸于当下的经验之流，她的苦恼、快乐和想象都是那样真实，没有伪的教育或伪的概念去实施干扰或压制。安妮是幸运的，她的教育环境对她的成长予以了很好的支撑，佐证了杜威关于经验生长的观点："假如环境能提供使未成熟者当下的能力得到充分运用的条件，那么，当下之所从出的未来一定会受到关照……正是通过这样的方式，当下不知不觉地融合到未来之中。"[1]

---

① 约翰·杜威：《民主与教育》，俞吾金、孔慧译，华东师范大学出版社，2019年版，第70页。

学习是如何可能的

学习是如何可能的

经验生长意味着获取了知识和提升了能力。一个从未受过教育的人，他的知识和能力也会随成长而提升。相比未受教育的自然成长，教育无非是要以更优的方式促进成长，并且要为成长打开完全不同的生活前景。教育的关键作用是帮助人学到获得知识和提升能力的方法。具体知识和能力的习得充实了经验内容，而有效学习方法的习得则丰富了经验形式。

像杜威倡导的那样，一旦教育者转换了视野开始理解经验生长意味着什么，就必然会追问下述问题：怎样的经验生长有助于知识和能力的习得？怎样的经验生长有利于学习方法的获得？前者涉及经验的内容，后者涉及经验的形式。换一个更通俗的说法：怎样的经验生长能得到"鱼"？怎样的经验生长能得到"渔"？

为了在杜威的教育思想框架内回答上述问题，先让我们来看一看杜威对相关教育思想的评论。在《民主与教育》中，杜威探讨了一些重要思想家的观点，上一章涉及了卢梭、福禄培尔和黑格尔，这一章我们来了解一下洛克和赫尔巴特的相应思想。杜威的时代流行一种叫作"形式规训"的教育观念，该观念认为教育就意味着要训练各种能力，包括感知、记忆、联想、注意、意志、想象、思考，等等。杜威认为，17世纪的英国哲学家和教育思想家洛克是这种理论的肇始者。

我们问一个问题：人怎么会拥有知识？在洛克看来，知识无外有两个来源，一个是人的心灵，一个是外间事物对心灵的刺激。在没有事物刺激的情况下，心灵就是一块"白板"。作为"白板"的心灵不是什么都没有，而是有各种潜在能力，它们是可以脱离刺激内容的形式能力。杜威认为，洛克的这种知识观是一种典型的二元论，应用在教育上会有相应的危害。

例如，一些培训班声称，可以通过短期强化训练就能提升一个人的记忆力。招生组织者甚至会绘声绘色地宣称，培训班采用的是某某记忆力大师的方法秘籍。对此，杜威的观点很清楚，那就是，人的各种潜能"不是只为完善自身而进行练习的潜藏着的智能，它们以一定的方式回应环境的变化，从而促成其他变化"[①]。杜威的意思是，各种能力的发展是与环境分不开的，离开潜能与环境这个相互构成的整体来谈论潜能没有意义。

一位钢琴家的记谱能力很强，那是因为他的记忆力在音乐环境里受到了特殊激发和训练。但不能认为，这位钢琴家的这种特殊记忆力可以自然迁移到别的环境中，如外语学习或图形识别。类似地，观察生活中的人，我们也可以发现，一个在某个领域很有成就的人，一旦跨出他熟悉的领域而发表意见，

---

① 约翰·杜威：《民主与教育》，俞吾金、孔慧译，华东师范大学出版社，2019年版，第78页。译文有改动。

可能显得相当外行。这个现象也印证了杜威的看法：我们不能脱离环境而抽象谈能力发展，而必须在特定环境中才能发展相应的能力。因此，"形式规训"这个理论的谬误在于，认为能力可以脱离题材或环境而发展。杜威强调说，事实上，"人们并不具有一般意义上的看、听或记忆的能力，只有看到某物、听到某物或记住某物的能力。无论是精神上还是身体上的能力，如果脱离练习所涉及的题材，只是一般地谈论能力的训练，那是毫无意义的"[①]。

在杜威看来，学习意味着选择性回应。在具体环境中，学习者总是在各种主题或题材的刺激下活动，并要就哪些刺激应予以回应或优先回应进行选择。学习者的选择会进一步揭示主题或题材的意义，毕竟，学习发生在"潜能—活动—题材—环境"的相互影响的动态过程中。在创作《民主与教育》的年代，尽管神经科学还不发达，但杜威关于经验生长和学习的整体主义思维方式使他能够前瞻性地采纳神经科学的相应成就。杜威强调，神经元的原始关联包含着许多行为趋向，"它们以各种微妙的方式交织在一起，无法划出清晰的界限"[②]。杜威的结论是，回应与刺激之间的相互调节越专门化，训练的能力就越是固化，就越不通用。换言之，越是专门化的训练，附于其上的智力的或教育的属性就越少。例如，训练孩子记忆圆周率以使小数点后能被记住的数字越来越多。再如，孩子已经掌握了算术原理和基本计算技能，还要反复训练以至于把计

---

① 约翰·杜威:《民主与教育》，俞吾金、孔慧译，华东师范大学出版社，2019年版，第80–81页。
② 同上，第78页。

算速度的提升作为了唯一的指标。这类形式规训都是杜威反对的。

总之，能力不可以脱离环境而发展，一个领域的能力未必能够自然迁移到另一个领域。这就意味着，要让未成年人的经验生长转化为富有学习内涵的过程，学习主题或题材就不能过于狭窄。缺乏题材的异质性，举一反三的学习经验就不会发生。至于题材的异质性应维系在什么程度，取决于学习目标和学习者的基本能力。

以未成年人学习阅读为例，需要为他们提供各种题材的阅读内容，以产生差异化的阅读经验。文学阅读的经验非常不同于科学阅读的经验，前者更看重生命体悟和文字隐喻的精神启示作用，后者更看重逻辑思维、客观事实和实证证据。尽管两种类型的阅读题材和阅读经验有较大的差异，要想在两个阅读领域取得进步，都要求当事人用已有的经验去打开陌生的经验。很多时候，进步是渐进的，要获得新经验需要逐步替换旧经验。但当旧有经验不再是打开新经验的钥匙时，就要求当事人以更激进的方式去顺应新的术语和表达，以产生新的阅读经验。

在新旧经验的交替中，经验是涌动而鲜活的，当事人在这个过程中实现了经验的替换，体验着新的冲突或统一。在文学阅读的范围内，诗歌、散文、神话、童话、传统小说、科幻小说等会帮助当事人获得不同的阅读体验。何况还有科学、历史、社会、人文等非文学阅读内容，可进一步扩大当事人对阅读差异性的体验和理解。当事人应对不同类型文本的经验越是多样和有效，就越能够促使当事人去发现提升阅读能力的方法。知识的增长和阅读理解力的提升是获得的"鱼"，而有效的阅读方法则是学到的"渔"。以上对阅读经验的生长的描述，也适用于更广范围的学习领域。

《明天的学校》是杜威在撰写《民主与教育》前一年出版的著作，这部著作记录了那个时代美国基础教育改革的很多丰富案例。《明天的学校》与《民主与教育》这两部著作的风格差异很大，前者鲜活具象，后者深刻广博。《明天的学校》记录的优秀教育案例都是实现了教育视野转换的前提下发生的，学习者经验的涌动受到了充分尊重。正因为如此，未成年人从以成人为中心的教育观的压迫下解放了出来，唤醒了自身与生俱来的进取心和学习热情，在学习过程中获得了好奇心的满足和成长的幸福。"结果他喜欢上学，且忘记自己正在'学习'"[1]，这是杜威在《明天的学校》中的生动总结。

学习是如何可能的？最简单的回答是，学习是生命本身的需要，自然会发生。学习按其本质而言就不应该是形式规训、死记硬背或大量重复的刷题训练，而是一种生动的生命实践。按照杜威对于学习发生机制的理解，无论个体在相关主题上的天赋如何，只要学习者的经验生长是鲜活的，学习就必然会在经验的冲突、替换和提升的过程中有效发生。

认清了这个现实，教育者的最重要的作用就不是以教育者的经验和需要为出发点的教，而是以学生经验为出发点的启发、引领和点拨。恰如《礼记·学记》所说，教师应该做到

"道而弗牵，强而弗抑，开而弗达"，应该是"善待问者如撞钟，叩之以小则小鸣，叩之以大则大鸣"。当然，杜威强调民主与教育的内在关联，在民主的教育环境中促成的学习经验，其内容是丰富的，其形式是支撑内在探索和创造的。这样的学习经验使进一步的学习变得充满魅力，因为其中承载了唯有在经验冲突中才可能摸索出来的、适合于当事人自己的有效学习方法。

赫尔巴特

在《民主与教育》中，杜威以一系列教育思想家的观念作为参照系，并在比较和批判的过程中确立了自己的教育哲学。限于《民主与教育》的主题，杜威不可能像写一本教育思想史的著作那样来对这些思想家予以充分论述。《民主与教育》一共有26章、78节的内容，对任何一位教育思想家的论述都没有超过一节的篇幅。《民主与教育》对这些教育思想家的高度浓缩的概括，会使缺乏背景知识的读者面临一定的阅读困难。这一节我们以赫尔巴特的教育理论为参照系，来印证杜威关于经验生长与学习本质的论述。

赫尔巴特是德国教育思想家，活跃于19世纪上半叶。赫尔巴特与福禄培尔、黑格尔是同时代的人，都没有受过自达尔文以来的生物学革命的影响。在赫尔巴特看来，教育既非由内向外的展开过程，像福禄培尔和黑格尔认为的那样，也非对心灵固有官能的训练，像形式规训的主张者以为的那样。赫尔巴特强调主题或题材对于思维发展的独一无二的作用，这点类似于杜威。赫尔巴特认为，心灵只是针对施与它的内容作出反应，从而根据内容的不同而产生各种表象或观念^①。表象或观念一经产生，就会保存在心灵中。不过，由于心灵在对新的材料或内容作出反应时会产生新的、更强烈的表象或观念，原有的意识内容便可能被驱赶到意识阈限以下。

"意识阈限"是一个心理学术语，低于阈限的刺激虽无法被意识到，但仍然存在且能发挥作用。例如，视觉阈限大约是100毫秒左右，在眼前闪现一张图片的时间如果低于这个限度，当事人就会报告说什么也没看见。但这张图片却会作用于当事人的视觉神经，并在当事人意识不到的情况下对行为或决策产生微妙的影响。赫尔巴特对意识阈限的阐述，使他早于弗洛伊德而认识到了无意识的重要作用。

在赫尔巴特看来，即使处于意识阈下，人的认知官能如注意、记忆、知觉、情感、思维等，也都是通过潜藏着的表象或观念以及它们与新的刺激内容之间的交互作用而形成的各种关联或复合。这意味着，不存在抽象的心灵，心灵的内容和活动才是心灵。赫尔巴特提出这个想法，明显是在反对笛卡尔式的关于心灵的静态理解。笛卡尔是17世纪的哲学家，他的"我思故我在"的命题，旨在证明只要心灵能够意识到自我，就可以有不受制于经验刺激的"纯思"。就此而论，杜威是赫尔巴特的同路人。

---

① 杜威在《民主与教育》中引用了赫尔巴特所用的德语词"Vorstellungen"，这个词的英文对应词是"presentations"，一般翻译成"表象"。但德语词"Vorstellungen"的含义却是多重的，包括印象、表象和观念，总之，凡是处于心灵中且被注意到的东西都是"Vorstellungen"。下面的行文根据不同的语境采用不同的汉语对应词，特此说明。

赫尔巴特认为，表象或观念在心灵中联结起来后具有统觉功能。当心灵面临来自事物的新刺激时，必须根据已有的表象或观念去实施吸收或同化以形成新的表象或观念，这就是统觉作用。统觉是心灵的一种主动功能，当陌生的东西进入心灵时，统觉作用就会启动。例如，看电影时，孩子喜欢问大人，某个角色是好人还是坏人。这个时候，孩子就是在启动统觉功能，试图将新的事物纳入旧有的观念以获得理解。再如，当遇见陌生的自然现象时，人会自动调取关于自然现象的已有印象或表象去获得关于陌生情况的理解。由于人类心灵包含的内容很广泛，涉及很多类型及不同层次的印象、表象或观念，它们中的一些就会根据亲缘或互补关系而形成不同的"统觉团"，以增强对于新的印象、表象或新观念的吸收或同化作用。

当然，同化作用不可能总是顺利的，当新的刺激内容无法被吸收或同化时，就可能在意识中出现新的印象、表象或观念，它们也可以形成新的"统觉团"，从而把旧有的意识内容挤压到意识阈下。处于意识阈下的内容在恰当的时候会被唤醒，与意识中的观念和更新的刺激发生交互作用，甚至可能以新的活跃形式重新成为意识的构成内容。按照赫尔巴特的理论，已经形成的"统觉团"对于后续表象或观念的形成具有重要意义，因此从教育的视野来看，就要考虑以什么样的主题材料和刺激去帮助未成年人形成最初的意识内容。杜威指出，由于赫尔巴特强调过去的影响，就与福禄培尔和黑格尔强调的精神展开有根本的区别。事实上，赫尔巴特的思考方式与后来的弗洛伊德有一定的相似性。弗洛伊德的精神分析强调无意识的过去，我们只有通过特有的分析技术使无意识的过去被当下的意识捕捉并理解后才可能摆脱其控制。不过,《民主与教育》没有提及比杜威大3岁的弗洛伊德,从一个侧面反映了这两位思想家的气质有较大的差别。

尽管杜威对赫尔巴特关于人类心灵或心理的运行机制持有异议,但他充分肯定赫尔巴特的理论对于教育教学改革的积极贡献。确实,在赫尔巴特看来,我们如果能够以科学的方式搞清楚"统觉团"的活动机制,就可以合理地设计教学内容和教学过程,以使学生在不离已有观念的前提下吸收、学习或替换新的观念。赫尔巴特的信念是,教育学必须奠基于心理学和相关科学,要以科学的思维去编写教材和展开教学步骤。杜威将赫尔巴特与福禄培尔和黑格尔相比较后,他更认同赫尔巴特的思想。杜威的评价是,"赫尔巴特的重要功绩在于,使教学进入了自觉方法的领域。教学不再是偶发灵感加上遵从传统而产生的混合物,而成为一项具有明确目标和程序的自觉性的事务。此外,在教学和训练中,一切都可以被明文规定,而不必只满足于终极理性和纯理论的精神象征的含混的、有点儿神秘主义的概述"①。

但是,杜威认为赫尔巴特的理论是有根本缺陷的,因为它忽略了人只有在应对环境的过程中,才能使经验得到积极的改造从而发展特定的功能或能力。对于杜威而言,即使有赫尔巴特所说的统觉功能或"统觉团",也不能把人的经验生长还原成赫尔巴特式的心理活动。关键在于应对环境的积极活动,

---

① 约翰·杜威:《民主与教育》,俞吾金、孔慧译,华东师范大学出版社,2019年版,第87—88页。

只有在实实在在的"做"或"实践"的过程中形成的观念才是有效的。只有经验中的有效观念成了经验的锚定点，以它们作为统觉的基础才是有意义的。当然，由于实践中的经验总是处于变动和生长状态，观念的有效性必须在更大的经验时空中才能得到说明。曾经的有效观念可能会在经验生长中遭到否定或部分否定。因此，具有锚定意义的统觉，如果一定要借用赫尔巴特的术语的话，就必须以有效性和面向未来的经验的开放性为标志，而不能固守时间发生的先后顺序或仅仅以过去为出发点。

经验生长当然是有时间性的，学习的对象和经验生长也有难易之分。但是，在杜威看来，过去并没有赫尔巴特式的特权，在真实的经验生长的实践中，甚至任务的难易之别与学习的先后秩序也不是一一对应的。按照赫尔巴特式的理念，过去决定未来与先易后难遵循的是同一个逻辑。而在杜威的《明天的学校》中，我们却可以看到不少实践案例，在致力于解决真实问题的情况下，学生会根据问题本身的需要而颠倒教科书式的先易后难的学习顺序。

以语文教学为例，倡导整本书阅读并在整体感知和理解中学习更为基础的字词句，这种方式更接近杜威对教学和学习的理解。这也是人类鲜活经验中常见的情况，那就是，为达成最终的目标，有时需要当事人先解决更困难的而非更容易的问题。可以看出，相比赫尔巴特，杜威的认识论立场是实践导向的整体主义，而非观念累加的基础主义。站在哲学的视野，可以说，在杜威式的经验生长和人类实践的旅程中，任何在先的经验、信念或观念都不具有免于修正的特权。只有理解了这一点，才真正能够理解经验的开放性，以及为何杜威的思想可以用"实践主义"来概括。

赫尔巴特理论的最大问题在于，用杜威的俏皮话表达就是，"这个理论代表师道独大"①。确实，赫尔巴特重视的是初始观念的输入，仿佛会不可逆地影响一个人的成长，类似于相信出生和童年经历将不可避免地决定一个人的未来。既然如此，对于一个人的成长而言，关键变量就是教育者要为他带去怎样的表象或观念。这显然是以教育者为中心的教育观，而不是以未成年人的经验生长为出发点。乍一看，赫尔巴特就像杜威一样也是在强调环境的重要性，但杜威所谓的环境与实践者之间是高度互动的、相互构成的，而不是单向影响的。赫尔巴特式的"师道独大"则意味着，教育者掌控一切，既要确定教育题材和教学步骤，也要精心考虑表象和观念的最初输入。

仅从教育者的视野去理解教育就意味着，教育对于教育者而言只是一项单向输出的活动。在有些文化传统中，人们喜欢将教师比喻成蜡烛，照亮了他人而烧干了自己。但杜威却评论说，尽管赫尔巴特强调教师的责任是无可厚非的，但这种理

---

① 这句话的英文原文是"The theory represents the Schoolmaster come to his own"。王承绪译本的《民主主义与教育》(人民教育出版社)将这句话译成了"这个理论表明教师得到了自己名分应得的荣誉"，而俞吾金、孔慧译本的《民主与教育》(华东师范大学出版社)则将这句话译成了"这一理论说明，学校管理者必须依靠自己"，很显然，这两个译本的翻译都是错误的。在这句话的英文原文中，杜威专门对"Schoolmaster"作了首字母大写处理，而且"come"也没有用第三人称单数，这是为了增强"学校主人(Schoolmaster)以主人自居"的反讽效果。杜威的暗示是：没有学生，哪有学校，哪有"学校主人"呢？

论"就教师的学习权利却几乎保持缄默"[1]。与之对比，杜威坚决主张教学相长的经验共生，而不是单向给予或控制。所以，杜威关于赫尔巴特的最终评论是："这种教育哲学强调智识环境对心灵的影响，却忽略了环境意味着个人对经验的共享。这种教育哲学不合理地夸大了刻意形成和使用的方法的作用，而低估了鲜活的、不自觉的态度的作用。……这种教育哲学坚持在先的东西的重要性，却忽视了新奇的和不可预见的活动。这种教育哲学把一切有教育意义的东西都纳入了考虑，而唯独不考虑教育的本质——它忽略了生机勃勃的精力总是在寻找有效实践的机会。"[2]

---

[1]　约翰·杜威:《民主与教育》，俞吾金、孔慧译，华东师范大学出版社，2019年版，第88页。

[2]　同上。译文有改动。

第五章

教材、课程与方法

什么是教材？不同的教材观有不同的回答。本章基于杜威的相关思想，探讨了教材的双重目的和优秀教材的产生路径，有利于破除教育工作者对于教材的迷信。本章还探讨了课程的结构和目的，以及课程与课堂内外的关系。基于对教材和课程的理解，本章最后转入对教学方法的探讨，并具体分析了何为学习者的兴趣，以及为何教学相长需要不确定性。本章还详细解释了欢迎不确定性的课堂的时空重构意味着什么，并说明了直面不确定性的教学与民主精神有怎样的相似性。

教材的意义

教材是经验生长的特殊环境。社会想要传递什么样的经验，就需在正规教育中使用什么样的教材。如果一个社会认为，质疑、反思、创造是经验生长的必由之路，采用以问题解决为导向的探索型教材，就是一个很自然的选择。如果一个社会认为，听话、顺从、虔信是经验生长的关键，采用以权威为中心的知识授予型教材，就是必然的。相对而言，民主社会更有可能采用前一类教材，而专制社会更趋向于采用后一类教材。杜威支持民主理想，他对教材的理解离不开经验生长的民主范式。

《民主与教育》花了不少篇幅谈论环境的意义。杜威认为，经验生长离不开引导、指导和控制。"引导"旨在激发个体与生俱来的潜能，"指导"则要将受教育者的积极趋向规范到某个持续发展的方向上，而"控制"就意味着要用强力去压制或否定某种类型的经验生长。在杜威看来，引导、指导和控制都是教育中的必要手段。教材作为经验生长的环境，应帮助教师理解在什么情况下使用什么手段。杜威的实践主义特别敏感于经验生长的语境特殊性，所以他不会泛论说"引导"或"指导"一定好于"控制"。

在真实的教育生活中，人们有时会走极端，一旦认为启发式教育是最优选择，就易于忽略教育教学中的规范性要求。杜威反对这种二元论，所以他说，"在一定程度上，所有的指导或控制都是一种对活动的引导，引导活动朝向自己的目标，辅助某些官能努力去做自己打算做的事情"①。要注意，引文有"在一定程度上"的限定语。事实上，凡是封闭经验有效生长的、无助于激发潜能的控制，特别是纯粹依靠外在奖罚的控制，都是杜威所反对的。

教材作为静态的读物，是不会实施控制的，但教材一旦结合了教师遵照教材的教学活动，就可能产生强大的控制力。在真实的教育环境中，就需要鉴别，如果发生了杜威所反对的纯粹的外在控制，这究竟是教师的单方面所为，还是教材所承载的教育教学观的综合结果。编写好的教材不会主动实施控制、指导或引导，但教材实际上代表着一种"封装的"经验类型。

以权威主义思路编写的教材，趋向于将权威知识按一定的难易顺序进行编排，往往要求以教材编写者认定的标准去实施教学活动。即使是赫尔巴特的教育观，由于未能充分考虑经验在实践环境中鲜活生长的多样性，一种赫尔巴特式的教材所承载的经验类型，也可能完全冲突于未成年人的真实的经验生长。

---

① 约翰·杜威：《民主与教育》，俞吾金、孔慧译，华东师范大学出版社，2019年版，第31页。

就杜威而言，教材与依据教材的教学活动构成了正规教育的环境。杜威对教育环境的理解是动态的且必须有利于经验在探索中生长，这就要求被"封装"进教材的经验不能是权威型的或单向输出型的。教材既要能激发经验生长，又能在学习者的探索过程中予以对话式回应。这就意味着，教材承载的经验、教师的教学活动、学生的经验生长应该是相互对话、相互期待和相互构成的。相互性当然不等于随意性，毕竟所有类型的教材都应承载人类普遍有效的知识。但从杜威关于经验生长和学习发生机制的理解中可以得出这样一个结论：重要的不是教材是否承载了普遍有效的知识，而是以什么方式承载。

　　关键是，教材既要承载可由交流和探索揭示的普遍有效的知识，还要蕴涵通过教学活动而使交流和探索得以真正可能的经验类型。这样的经验类型首先反对以外在力量实施经验控制。例如，灌输式或"填鸭式"教育的本质就是控制，掌握权力的教育者以知识为中心，甚至以权力为中心，而不是以经验生长为中心，自然趋向于以外在手段提升所谓的教育教学效果。一旦教育者心中缺乏经验生长的概念，奖励和惩罚手段就是必然的选择。在这种教育方式中，人的本性会使受教育者尽量完成规定任务以躲避惩罚，而教育者对受教育者的外在奖励无异于贿赂他们去做无法理解或非情愿做的事。杜威对这种控制方式的比喻是，"尽管我们可以把马牵到水边，却无法强迫它饮水；尽管我们可以把一个人关进教养所，却无法让他忏悔"[1]。以奖

---

① 约翰·杜威:《民主与教育》，俞吾金、孔慧译，华东师范大学出版社，2019年版，第34页。

惩的方式强迫学习或推行灌输式学习，必然会错失唯有在自由的成长土壤里才可能品尝到的经验甘露。

传递知识和启迪经验生长，是教材的两重目的，并且前一个目的需以后一个目的为前提。但在人类历史上的某些特殊阶段，教材却可能专门传递伪知识，特别是人文社会领域的伪知识，并通过权威的力量去压制以追问、探讨和反思的形式承载的经验生长。因此，无论是在正常还是非正常情况下，教材都蕴涵特有的目的，并在人类历史和社会发展的坐标系上展示了积极或消极的意义。由于教材的目的性，杜威才说，所谓教材"就是在一个有目的情景的发展过程中所观察的、回忆的、阅读的和谈论的种种事实，以及所提出的种种观念"[①]。

不过，即使是在杜威看重的民主条件下，教材的两重目的也未必协调，教材也可能呈现出消极的意义。撰写《民主与教育》的年代发生了惨烈的第一次世界大战，遥居欧洲主战场大西洋对岸的杜威认为自己所在的社会总体上是正常的。尽管当时的美国社会问题很多，但杜威却乐观地相信，教育改革虽无立竿见影的效果，从长远来看，教育改革能够促进社会发展。有理由认为，在政教分离的国家，实施教育改革较少受到政治权力的阻碍。再加上美国特殊的学区制度较能容纳多样性，杜威在思考和推进当时的教育改革时就可集中思考教材、课程和教学方法等事宜。

---

① 约翰·杜威:《民主与教育》，俞吾金、孔慧译，华东师范大学出版社，2019年版，第221页。译文有改动。

《民主与教育》并未就杜威反对的教材类型予以举例，但教材的两重目的之间的不协调，或某种目的缺乏或歪曲，正是教育批判和教育改革的对象。杜威充分意识到了正规教育的问题，那就是，学校教育与鲜活的社会经验越来越脱节。造成脱节的原因很多，教材未能同时体现知识传递和经验生长的两重目的是原因之一。作为一部教育哲学著作，《民主与教育》未就具体学科的教材改革进行讨论，但所揭示的教材的目的和意义，对具体学科的教材改革有方向性的指导意义。从杜威的视野来看，教育无非是教师在尊重学生经验生长的前提下，以教材为媒介，通过教学活动去帮助他们形成良好的智识、情绪和行动倾向。如若教材承载的经验类型本身有缺陷，教师越是熟练地掌握教材，就越是有碍真实的教育教学目标的实现，因为这样的教材和教师的相应知识"不能代表学生活生生的经验世界"[1]。

总之，教材不能是死的东西或"一堆远离行动的知识库"[2]，而必须提供支撑"做中学"的经验生长的契机。随着学段的提升，致力于促进经验生长的教材，就应该为学习者留出更多的自主探索的空间，必要时需保留不同观点的冲突，以留给基于交流和探讨的课堂教学去解决。对于缺乏这种理念的教材，杜威的感慨是，"知识的记录本是探索的结果和进一步探索的资源，但是人们不顾知识记录所处的这种地位，把它看作就是知识。于是，人的心灵成为它先前战胜环境的战利品

---

[1] 约翰·杜威:《民主与教育》，俞吾金、孔慧译，华东师范大学出版社，2019年版，第224页。译文有改动。
[2] 同上，第226页。译文有改动。

的俘虏"①。

知识本是源于实践的，而僵化教材的显著特点正是忽视或压制实践。此外，学科分离造成的困难，会阻碍知识之间进行沟通和交融。于是，以学科教材为媒介的经验生长就越来越脱离真实生活，这样的经验越是整齐划一就越是虚假。正如杜威所说，如果知识不能组织到鲜活的经验中，"这种知识就变成纯粹的言词"②，从而丧失了生命的活力。

在杜威的眼中，教材并没有天然的权威性，要推动教育改革，首先需要破除对于教材的迷信。杜威所在的社会，由于国家没有教材发行和垄断权，教材的质量高低取决于在充分竞争的市场环境中提供教材的出版社能否巧妙实现传递知识和激发经验的双重目的。在杜威看来，民主社会允许教材竞争，与工业产品和生活用品的市场竞争一样自然，市场经济的"看不见的手"能像提高产品质量一样提升教材质量。对于政教合一的国家，教材由国家垄断，提升教材质量主要依靠政治或行政权力。在这样的社会中，由于教材与政治权力或国家权威是捆绑在一起的，因此对于广大教育工作者，更容易产生教材崇拜的心理，而不易将未成年人的经验生长放到首位。

然而，随着人类科技的不断发展，对包括教育系统在内的社会结构的冲击，往往来自意想不到的力量和变化。我们可

---

① 约翰·杜威:《民主与教育》，俞吾金、孔慧译，华东师范大学出版社，2019年版，第228页。
② 同上，第229页。译文有改动。

以合理地追问，随着人工智能越来越发达，工业时代发明并流传至今的教材及附随的班级教学会消失吗？这个问题并不涉及政体差异，相关探讨将在本书最后一章展开。

课程的结构

教材承载人类的有效经验，只容纳普遍性。课程则不一样，每一门课都有一位或多位具体的教师，因此必然带上特殊的经验烙印。如若课程的特殊经验完全吻合教材的普遍经验，教师就是在照本宣科，没有承担课堂教学应有的责任。课程与教学是两个概念，前者体现为设计，后者体现为活动。不过，按照杜威对经验生长的交互性的理解，课程设计应提前考虑到教学活动的需要，同时要保护教学活动中具有积极意义的不确定性。因此，摆在教师面前的就有两个根本问题：如何以课程和课堂教学的特殊经验去传递凝聚为知识的人类普遍经验？课程设计该如何规范课堂教学，又该如何释放教与学的不确定性？我们先来看前一个问题。

课程离不开教师，以统一的内容标准对课程设计或教案进行要求，就漠视了特殊经验在传递普遍经验的过程中所起的关键作用。僵化的教育行政系统趋向于以"教育管理"之名杀死真正的教育，阻碍特殊经验在教与学上的涌现。学校或教育系统面向课程的正确态度应该是鼓励教师因地制宜，所谓的"地"既指教师的特殊经验，也指学生经验的特殊生长。这当然不是说，教师的特殊经验本身就是免于变化的至高标准。如果确实要对课程进行评价，按照杜威的思想，评价的重点应该是，要看承载于教材中的普遍经验是否以教师的特殊经验为媒介而得到了有效的传递。需要强调的是，这个有效性标准具有两个维度：一是知识的客观掌握，二是获取知识的经验生长过程本身是否保护了好奇心并激发了进一步探索的欲望。

《民主与教育》未就课程设计的话题进行专门的探讨，杜威的一些具有启发性的思想分布在相关章节中。例如，杜威强调，无论课程和教学如何进行，使未成年人在学习中感到快乐都是至关重要的。杜威所说的快乐不是外在的，如枯燥的学习之余由教师讲笑话来调剂气氛。杜威所说的快乐是生命本身的"学而时习之"之乐。"习"意指小鸟学飞，在小鸟尝试飞行的生命经验的自然生长中，哪怕有挫折，在突破困难的一点一滴的收获中，怎么可能不焕发出生命本身的愉悦呢？

所以杜威要强调，"对精神生活的研究表明，探索、利用工具和材料，构建、表达欢快的情绪等天然趋向，具有根本性的价值"[1]。是的，人不是鸟儿，人的学习需要调动相关的工具和材料。推论就是，课程设计必须尽可能利用未成年人喜闻乐见的工具和形式，以他们的经验为媒介而通达具有普遍性的知识。快乐是积极的情绪，只有将快乐理解为经验有效生长的天然伴随物，才吻合杜威的思想。经验生长是要消耗能量的，因此快乐绝不是免费的和轻飘飘的。快乐的获得离不开探索未知

---

① 约翰·杜威：《民主与教育》，俞吾金、孔慧译，华东师范大学出版社，2019年版，第237页。

而伴随的焦虑，以及遭遇挫折时的苦恼。在教材、课程和教学的共同支撑下，快乐是学习者在"最近发展区"①中有所突破和收获的自然情绪反应。

《民主与教育》强调主动活动在课堂教学中的重要性，意味着针对未成年人的课程设计不能只是讲解书本知识。杜威明确认为，游戏和主动活动，是课程设计的内在构成，而非可有可无的点缀。杜威说："在课程中对游戏和主动活动作出明确定位的根据是智性的、社会性的，不是权宜之计和暂时求全。没有这类东西，就不可能保障有效学习的常态，也就是说，不能保障学习知识是自身有目的的活动自然发展的结果。"②在杜威这里，游戏不是与学习或工作对立的概念，仿佛劳累之后需要休闲。事实上，游戏是交往互动的有趣形式，本质上是社会性的，非常有助于未成年人理解有效经验和知识是如何在交往互动中生成出来的。这就意味着，具有经验生长意义的游戏本身就是智性的，而不是纯娱乐的。

《民主与教育》非常强调课程要培养学生的动手能力。在那个时代的教育改革背景下，杜威列举学生在课堂上运用的材料，包括纸、硬纸板、木材、皮革、布、纱、黏土、沙、金属，等等。学生使用诸如锤子、锯子、锉刀等工具去参与折叠、剪切、刺扎、测量、铸造、塑模、加热和冷却等工序。除了各种游戏之外，学生还经常参与户外远足、园艺、烹饪、缝

---

① 这是维果茨基的术语，意指儿童认知提升具有现实性的可能范围。杜威没有使用这个术语。
② 约翰·杜威：《民主与教育》，俞吾金、孔慧译，华东师范大学出版社，2019年版，第237页。

纫、印刷、装订书本、编织、喷漆、画图、歌唱、编戏剧、讲故事、阅读和写作等活动。如此生动的课程形式，自然要求打破学科壁垒。

在《明天的学校》中，杜威报告了一系列打破学科壁垒的案例。在一些小学，学校不专门在教室里孤立开设写作课，而是把写作融入到真实的生活中，例如，历史课上以写作来表达自己的理解，户外远足或参观博物馆、艺术馆时，鼓励孩子们用文字表达心中的感受和想法。类似地，语法讲解也从语文课中剔除了，而是让学生根据写作的具体需要提出各种语法问题。教师则从学生自己的问题入手，帮助他们发现真正的语法规则。就这样，传统的语文课就只保留了阅读和文学鉴赏，也与戏剧表演相结合。

在另一些学校，孩子们自己建造校舍，他们要学习设计、画图、算术、理解房屋结构，还要做木工、漆工的工作，是不离生活经验的典型的跨学科课程。这些课程避免了学科的人为划分，让孩子们在真实的生活、学习和游戏语境中完成"做中学"的全过程。杜威提醒说，这类课程的设计依据在于，"儿童的经历中缺少一种环境，所以事实和原理不能作为一种当然之事进入他们的体验之中"[1]。这就是为什么只给未成年人讲大道理和灌输书本知识，培养的往往是脱离真实生活经验的伪知识或虚假意识。

《民主与教育》有助于我们意识到，教育改革虽有益长远

---

[1] 约翰·杜威：《明天的学校》，何克勇译，华东师范大学出版社，2019年版，第80页。

的社会改革，但往往受制于更大的社会、政治和文化结构。对于"内卷"严重的当代中国教育而言，杜威一个多世纪前倡导的教育改革的实例，听起来都像是天方夜谭。在当代中国，只有少数学校敢于尝试杜威倡导的"素质教育"，并在新的时代环境下开出了灿烂的教育之花。如果说初中和高中面临现实的升学压力而有理由或借口继续深陷"应试教育"的巢窠，那么，在小学阶段全面实施"做中学"的教育策略就有一定的现实条件。当然，家长的普遍焦虑和教育主管部门以调考排名确定教育政绩的做法，都是实施教育改革的阻力。杜威没有使用过"素质教育"这个术语，他一定会反对将琴棋书画等技艺强加给未成年人的做法，而赞成从孩子的内在经验和兴趣生发出来并与更大的社会和文化经验发生深度链接的素质教育。

回到杜威对课程的理解，为了弥合正规教育与非正规教育的鸿沟，课程设计必然要突破课堂内外的边界。把课程等同于课堂，是一个很大的误区。这个误区的根源是，以为教室的空间就是教育的空间，以为学校教育就等同于课堂教学。事实上，学校教育必然是覆盖课堂内外的，因为孩子成长是穿越课堂内外的。按照杜威的教育思想，任何课程设计都理应涵盖课堂内外，要使未成年人的课堂外活动与课堂内活动形成有机互补。

我们以《义务教育语文课程标准（2022年版）》为例，来看一看如何以杜威的教育理念实施课程设计。这份课程标准提倡通过整本书阅读和思辨性阅读去提升学生的理性思维能力，并首次提出了促进理性精神的发展，非常值得肯定。但是，课程标准只有一些抽象原则和标准，并不能给一线教师的教学实践提供操作性的帮助。想象一下，如果杜威穿越过来，他会有怎样的建议呢？

杜威反对过分注意表情的朗读，这样会将学生的注意力迁移到字形、发音和肢体动作上，会"形成一种机械性的习惯，从而很难进行理解性的阅读"[①]。就杜威而言，阅读理解不是指对字、词、句和所谓的段落大意和中心思想的理解，像传统语文课中惯常以为的那样。事实上，杰出的文学作品含有各种隐喻，作者在创作时未必意识到了全部隐喻或某个隐喻的全部含义。创作经常受无意识影响，隐喻有时是无意识的自动表达。这就意味着，当作品离开作者后，文本潜藏的意义并不总是能还原成作者的有意识的意图。基于这种还原论的错误假设，才会要求学生一定要按照某种"客观"方式去理解作者意图或文本含义。

杜威从不认为文字总能匹配真实的经验，所以他才提出让真实的经验生长去充实文字欲以承载的意义。基于真实经验的阅读行为并不总是成功的，经过充分交流互动后，失败的阅读作为经验生长的一部分，最终会贡献于更好的阅读理解和阅读能力的增进。无论怎样，唯有以自己的经验为媒介，真实的阅读才可能发生，理解和隐喻的空间才可能被打开。

那么，什么是阅读者的经验呢？当然不可能只是阅读时的经验，而是阅读者的整个生命经验。这就意味着，为了帮助阅读者用自己的经验去打开和理解文本，就需要教师在设计阅

---

① 约翰·杜威：《民主与教育》，俞吾金、孔慧译，华东师范大学出版社，2019年版，第 175 页。

读课程时构思一些能够将文本内容与未成年人的经验嫁接起来的鲜活问题。这些问题是用于课堂交流的，但阅读课程的设计必须预想到如何帮助孩子建立良好的课外阅读习惯。事实上，杜威倡导的教育教学改革总是打通课内和课外的，非常类似于近年来在教育信息技术支撑下变得人人皆知的翻转课堂。所以，有理由认为，杜威式阅读课程设计的要旨是，首先让孩子在课外阅读某本书，在规定的时间读完该书后，每个孩子再带着个性化的阅读体验来到课堂。这时，差异化的阅读体验就是教师最重要的教学资产，教师再以相关问题为媒介，通过深度链接文本、经验与主题概念的方式，在师生和生生对话的不确定性中，将孩子对文本和生命的理解推向深入。①

在《民主与教育》中，杜威没有专门探讨阅读课程的设计。我们这里只是以阅读课程为例，用以佐证杜威式的课程设计原则。其一，课程设计需将教师和学生的经验生长的可能性事先纳入考虑，尽可能构造一个经验交互生长的交流场。其二，课程设计要遵循"做中学"的原则，预想必要的活动内容、使用的工具或开放式话题。其三，课程设计要打破课堂内外的边界，要将未成年人校外生活的经验纳入课程鼓励、指导或引领的范围。最后，杜威式的课程设计方案必然意味着容纳和欢迎课堂教学的不确定性，这是下一节要探讨的内容。

---

① 具体请参见刘莘:《以教师之思，促学生之问：整本书阅读教学的理念、方法与案例》，华东师范大学出版社，2022年版。

教学方法

不同的科目有不同的教学内容。在杜威看来，直接的教学目标有三个：知识获得、技能训练和思维发展。这三个目标是相互依存的，任何一个目标的实现都以另外两个目标为条件。例如，物理课的教学旨在让学生获得物理知识，培养运用已有知识处理物理问题的技能，并发展物理学特别看重的尊重观察、实验、推理的科学思维。再如，阅读课的教学旨在让学生获得关于人生和社会的知识，培养深度阅读和广泛阅读的技能，并发展与科学思维形成互补的人文思维。当然，思维不可能是一种脱离经验活动的"纯思"，所以杜威说，"思维如果不与提升行动效能关联起来，不与对生活世界和对我们自身的认识关联起来，这样的思维就只是有问题的想法"[①]。

需要强调的是，人的思维是知、情、意三方面的统一体，而非纯粹的逻辑思维。各种科目是在有侧重和有针对性地提升思维的不同维度。科学课更偏重对"知"的维度的提升，特别

---

① 约翰·杜威：《民主与教育》，俞吾金、孔慧译，华东师范大学出版社，2019年版，第187页。译文有改动。

关注事实验证、数据分析、逻辑推理，虽然科学思维的提升也同时有助于情绪和意愿的理性表达。人文课更偏离对"意"和"情"的维度打开，特别关注共情、感悟、价值、审美，而且也致力于提升不能还原成科学思维的辩证思维。无论学科区别是什么，所致力于促进的思维都不是静态的"纯思"，而是属于经验而又能够直接推动经验以实施有效活动的原动力。

以学生的思维发展作为关键的衡量标准，再来看教师主导的教学活动，就大致可分为填充式教学和启迪式教学两种类型。类型划分不必然等同于个体教师的优劣划分。一位有经验的填充式教师，即使在思维启迪的得分上稍弱，也可能确实很懂得如何有效讲解固有知识和训练科目要求的能力。一位欠缺经验的启迪式教师，即使很有启发学生思维的主观愿望，想要激发学生的学习兴趣，也可能知识讲解水平不高，没能掌握针对性的训练方式。

尽管如此，启迪式教学仍然是杜威所主张的，因为启迪才有交流，而教育的本质就是交流。填充式教学使教师更容易依赖教材或机械的教案，更容易默认权威机构的外在指导，而不能使自己的教学经验与学生的学习经验相互生长。即使杜威处于"非官本位"社会，他也担心，"教师受制于由上级制定的目标，很难不受官方督学、论述教学方法的教科书、指定的学习课程之类的指示的约束，这样一来，他的心智和学生的心智以及所教授的内容就无法密切地关联起来"①。

---

① 约翰·杜威：《民主与教育》，俞吾金、孔慧译，华东师范大学出版社，2019年版，第 133 页。

要让学生的心智与教授内容所承载的人类心智真正关联起来，除了调动学生的兴趣，别无他法。杜威指出，"兴趣"（interest）在英文词源上本来就有"在……之间"的意思，通过兴趣才能把原本疏远的东西关联起来。兴趣就是利益，也是动力，可以驱使未成年人从当下的经验状态提升到课程目标期望的经验状态。跳出狭义的教学活动，我们甚至可以说，兴趣之所以重要就在于，兴趣是人格健全的担保。

一个缺乏兴趣的人，无论他有多聪明、狭义的认知天赋有多高，都没有办法展现他作为一个人的知、情、意的统一性。这样的人情绪、感受和换位能力皆弱，意愿空洞而狭窄。教育的核心目标就是要帮助未成年人在经验生长中发现自己的兴趣，发现兴趣的意义和相关经验的特性。兴趣对于人的成长是如此重要，因此杜威才会说，"一个人对某件事有兴趣，既可以说他在这件事中忘记了自我，又可以说他在这件事中发现了自我"[1]。

强调兴趣，并不意味着教学就一定要迎合当下的兴趣。兴趣体现了当下经验的特征，而当下的经验和需求并不代表未来的经验。杜威强调"心智是经验中呈现出来的能力，要在预期未来可能结果的基础上回应当下的刺激，目的是控制将要发生的结果"[2]。因此，固守当下的兴趣无助于培养心智能力，而更像是一种迎合，类似于总是要制造快乐去实施教学贿赂。好的教学意味着激发学生，使本不存在的兴趣在师生和生生互动

---

[1]　约翰·杜威：《民主与教育》，俞吾金、孔慧译，华东师范大学出版社，2019年版，第155页。

[2]　同上，第160页。译文有改动。

中诞生出来。

兴趣的诞生离不开经验的改造，离不开获得相应的知识和技能。因此，即使是以兴趣为导向的启迪式教学，也必然会有相应的训练。训练，以及为达到训练目标而进行的努力，都会增加经验的深度，让学习者体验到困难的煎熬和突破困难的喜悦。这个过程使意志力由弱到强获得增长，意志力是如此重要，难怪杜威要说，"一个意志薄弱的人，如同水一般没有定性"①。简言之，应兼顾兴趣和训练，并促使它们相互转化。

在不考虑学科差别的前提下，怎样的教学活动和方法是杜威所认可的呢？在杜威看来，教师易犯的根本谬误是"想当然地去预设学生的经验"②。当有这个错误假设时，教师就习惯于处处以训练的方式去强压学生，按自己的意志和方法去塑造听话的"乖孩子"。当按这种办法无法激发起学生的内在学习兴趣时，教师就趋向于以大道理、奖惩、事功诱惑来让学生就范。如果仍然唤不醒学生的学习热情，就会指责学生在学习上缺乏意志力，从而把学生的"意志或努力等同于纯粹的应激状态"③。运用这种"教育"或"管理"学生的方式，教师就丢弃了促进心灵发展的建设性机会。

杜威在《民主与教育》中写了这么一段话："一位美国幽默作家以文学形式表达了这一逻辑结论：'一个男孩，如果他

① 约翰·杜威:《民主与教育》，俞吾金、孔慧译，华东师范大学出版社，2019年版，第157页。
② 同上，第188页。
③ 同上，第164页。

不愿意，那么无论你教他什么都不起作用。'"① 书中没有说这位作家是谁，但很有可能是马克·吐温。在杜威 17 岁那年，马克·吐温出版了《汤姆·索亚历险记》，这部文学杰作在美国乃至世界范围内是如此畅销，杜威肯定阅读过。在这部小说中，马克·吐温笔下的汤姆是调皮男孩的典范，在学校里功课很差，而在生活中却极有创造性。这部少年成长小说生动地描写了传统教育的弊端，印证了杜威对于漠视未成年人经验生长的教育进行批判的洞察力。

不要忘记，在杜威看来，设立学校的目的就在于传递社会经验。社会经验有各种类型，而它们是相互冲突的。例如，专制社会更有可能传递等级制的和形式主义的交往经验，而民主社会则更趋向于传递平等互动和放松灵活的交往经验。《民主与教育》的书名不断提醒我们，杜威倡导的教育是吻合民主理想的，有助于推动社会向着民主理想而变革。而民主的最根本特征是，社会交往互动的方式是平等的、去中心化的、扁平化的、灵活的、包容的、放松的、务实的、交互的，而不是等级森严的、唯上的、紧张的、僵化的、单向性的、形式大于内容的。既然如此，课堂教学的秩序也应该映射民主社会的交往特征，从而突破传统的"我教—你学"和"管理—被管理"的模型。

杜威从来不把人看作原子式的个体，也不认为民主只是原子式的个体为了利益最大化而结成的永久同盟。杜威否认存

---

① 约翰·杜威:《民主与教育》，俞吾金、孔慧译，华东师范大学出版社，2019年版，第 164 页。

在原子式的心灵，他认为，"个人的行为可能成为事件的起点，但其结果则取决于其他行动者发挥的作用与他本人的回应之间的交互关系。如果没有把心灵设想为一个与其他因素共同分担以实现结果的因素，心灵就变得毫无意义"①。这段引文解释了杜威对课堂教学的基本看法。课堂需从《汤姆·索亚历险记》中调皮孩子厌恶的依据教材权威的填充模式，转变为吻合民主理念的启迪模式。

这就意味着，需要重置课堂的时空结构。在空间结构上，把以教师、教材、讲解和权威为中心的课堂，转变为以问题意识、经验生长和平等交流为特征的课堂。不是说教师就要放弃自己的权威，而是说权威是在教学、探索和交流过程中自然展现的，而非仅靠身份和权力维持的。在时间结构上，要颠倒教与学的关系，合理而有分寸地把主动探索权、交流权和讲解权向学生让渡，同时要联通课堂内外的时间安排。

时空重置后的课堂教学，才可能遭遇真正的不确定性。在传统课堂上，若有汤姆·索亚这样的调皮孩子，教师也会遭遇不确定性。但在权威型教师眼中，这种不确定性只具有负面意义，是需要控制和消灭的。而在时空重置后的启迪式课堂里，不确定性才是事情的本来样子。首先是个体在学习探索过程中遭遇的不确定性。当事人一旦将他遭遇的不确定性纳入交流和探讨，就势必会解放其他人的带有不确定性的经验，从而使不确定性在交互性中被放大。教师的价值恰好体现在如何利

① 约翰·杜威:《民主与教育》，俞吾金、孔慧译，华东师范大学出版社，2019年版，第162页。译文有改动。

用交互性中的不确定性。

在不确定性的环境中，心灵才有自由生长的契机，深刻认识到这个基本事实的教师，绝不会像权威型教师那样打压或消灭不确定性。启迪型教师会利用不确定性将学习者引向确定的知识和技能，但整个过程对于学习者却是生成性的，能使学习者充分体验到心灵在不确定性中进行探索的困难和乐趣，最终有利于促进思维发展。杜威说："使教与学的方法得以持续改善的唯一的直接途径，在于集中精力关注那些亟需思维、提高思维和检验思维的种种条件。"[①] 不确定性就是至关重要的条件。

因此，对于启迪型教师而言，如果学生在一些关键的学习任务中感受不到不确定性，就有必要创造不确定性。教师可以设立对立的立场，设计开放的问题，采用引起思想矛盾冲突的教学手段，还可以扮演对话角色，像苏格拉底那样引导贯穿不确定性的对话。这也意味着，教师本人必须具有开放心态，不能唯权威是从，无论是教材的权威还是学科领域的权威。事实上，确有价值的不确定性完全可能颠覆教师已有的认知，帮助教师在教学相长的真实过程中发现自己原有知识结构和思维方式的问题。

这样的教师必须是坦诚的，具有真实不虚的人格，不会像权威型教师那样在面临挑战时动辄采取防御姿态，躲在身份和权力的伪装后面掩盖自己的不自信。不确定性是真实世界的

---

① 约翰·杜威:《民主与教育》，俞吾金、孔慧译，华东师范大学出版社，2019年版，第187页。

本相，课堂教学最重要的职责就是将应对不确定性的本领以适合未成年人的方式和内容传递给他们。只有在这个过程中，未成年人的想象和创造性才可能得到保护和激活，而能够承担这种教学责任的教师必然是不古板的和非学究化的。这就是为什么，杜威要说，"如果要激发学生的思维而不仅仅是学习概念，那么，学校教育中任何科目教学的第一步就应该尽量做到非学究化"①。

敢于迎接课堂教学的不确定性的教师，会倒逼自己增进面向不确定性的教学本领。这种本领从根本上讲是一种"诗外功夫"，要求教师广泛阅读和跨学科学习。这种本领也只有在"做中学"中才可能获得，而真正的做事总会在不确定性中遭遇失败，这个过程就是启迪式教学经验的生长过程。缺乏这种经验生长的教师，也不可能在课堂教学中激发和驾驭学生的经验生长的不确定性。因此，"教学相长"绝非空洞的口号，而是深刻领悟不确定性之为何物的教学实践的伴随结果。特别是在今天这个人工智能时代，传播一般性的知识完全可由智能机器来完成。因此，教师的关键职能之一就是，理解、利用或创造机器智能无法理解的不确定性，并以此为契机去发展人的思维并丰富人的心灵。

---

① 约翰·杜威:《民主与教育》，俞吾金、孔慧译，华东师范大学出版社，2019年版，第189页。译文有改动。

第六章

科学主义 vs. 人文主义

什么是人的思维？本章我们借助杜威对思维的理解，去探讨比一般的教育思想更深刻的哲学问题。杜威的教育思想奠基于他的实践主义哲学，追问杜威教育哲学的底层逻辑，有助于我们换一个视野去理解杜威的贡献。随着探讨的深入，特别是随着对科学是什么的反思和对科学主义的批判，有助于引导读者去反思杜威的反二元论立场可能的不足。最后，从人的二重性出发，我们既能理解杜威在《民主与教育》中反二元论立场的合理性，也能看清在今天这个科技昌明的时代，警惕科学主义而弘扬人文主义为何对于教育实践有重大意义。

思维的本质

在现代汉语中，"思考""思维""思想"这三个词的内涵是有区别的。简要地讲，只要是人都要思考，即使是没有受过教育的人。但人与人之间思考水平有差别，我们有时会说张三思维较强而李四思维较弱，就是在表达这种差别。但当说王五这个人很有思想时，"思想"这个词就有不同于"思维"的内涵。这个时候，"思想"是在表达某种比个体思维更高的东西，具有客观性或超越性。这说明，"思维"更偏向指主观的思考，如我们可以说一个很小的孩子思维能力不错，但却一般不说他有思想。在不严格的意义上，"思维"是心理学研究的对象，而"思想"则是哲学研究的对象。

杜威在《民主与教育》中有专门的章节去谈思维，他还写有一本《我们怎样思维》的名著，大都采纳的是心理学的视角。不过，杜威也是哲学家，他当然也会从哲学的角度去谈"思想"。需要注意的是，在英语中，只有"thinking"这个相关词。从另一种语言的角度，有助于提醒我们，"思考""思维""思想"三个汉语词的内涵是有关联的。下面的讨论将根据具体语境，灵活使用"思考""思维""思想"这三个词，它们的内涵有区别也有重叠，需要读者自己去体会。

《思想录》是 17 世纪的法国哲学家帕斯卡尔的著作，在这本书中，他对人类有思维或思想这件事，表达了由衷的惊叹。《思想录》被引用最广的一段话是这样的："人只不过是一根苇草，是自然界最脆弱的东西；他是一根能思想的苇草。用不着整个宇宙都拿起武器来才能毁灭他；一口气、一滴水就足以致他死命了。然而，纵使宇宙毁灭了他，人却仍然要比致他于死命的东西更高贵得多；因为他知道自己要死亡，以及宇宙对他所具有的优势，而宇宙对此却是一无所知。"① 阅读杜威的《民主与教育》，读不到类似于帕斯卡尔的精神气质。因为在杜威看来，思维这件事情虽令人惊奇，但并不神秘，思维的诞生从原理上，是可以通过进化论及相关科学进行解释的。

考虑到杜威与帕斯卡尔相距差不多三个世纪，中间不仅隔着人类经验、实践和知识的巨大鸿沟，而且还有个人关注点和思想风格的差异，他们之间若有思想旨趣上的区别就再正常不过了。在《思想录》中，帕斯卡尔还有这样一段话："人显然是为了思想而生的；这就是他全部的尊严和他全部的优越性；并且他全部的义务就是要像他所应该地那样去思想。而思想的顺序则是从他自己以及从他的创造者和他的归宿而开始。"② 在《民主与教育》及其他相关著作中，都看不到杜威像帕斯卡尔那样去抒发对思想或思维的赞誉。杜威的实践主义也

---

① 帕斯卡尔:《思想录》，何兆武译，商务印书馆，1985 年版，第 176 页。
② 同上，第 82 页。

很难认同帕斯卡尔的"人是为思想而生的""思想是人的全部尊严"等观点，更不用说思想要始于"创造者"的宗教信仰了。

比较而言，杜威对人的思维或思想的理解是务实的，他强调，"思想仅仅作为思想是不完备的，它们至多是尝试性的。实际上，它们是提示、指示，是应对经验情境的立场和方式。除非它们被应用在这些情景中，否则就缺乏完全的重要性和现实性。只有应用它们，才能检验它们；只有检验它们，才能赋予它们以完整的意义和现实感"[①]。不难看出，杜威受达尔文及之后的生物学思想的影响，持有帕斯卡尔完全陌生的思想立场。按照达尔文式的世界观，人与动物的差别并没有犹太–基督教传统以为的那样大，因为人是自然演化的结果而非上帝按其形象的创造。杜威从中受到的启示是，具有思维能力使人从万物中脱颖而出，但思维不过是人这个物种应对环境的最重要工具。动物有思维吗？这个问题对于帕斯卡尔也许是没有意义的，但对于杜威却是一个重要且有意义的问题。

让我们穿越回 1838 年的英国。有人把一只雌猩猩从非洲大陆运往文明世界，关到了伦敦动物园，并为它取名为"珍妮"。那时的人们见到这只雌猩猩，就与今天的地球人见到外星人差不多。人们特别惊讶的是，这只穿着裙子的雌猩猩，它的不少表情和行为都像人类。一位 29 岁的年轻人仔细观察珍妮与饲养员的互动，感觉珍妮像个顽皮的孩子，认为它有时完全能听得懂饲养员的话。这位年轻人还专程带着镜子和口琴来

---

① 约翰·杜威：《民主与教育》，俞吾金、孔慧译，华东师范大学出版社，2019年版，第 196–197 页。

测试珍妮的反应，之后，他在笔记本里郑重地写下了这样一段话："人们参观驯化的猩猩，看着它们的智力……然后他们会夸耀自己多么了不起。傲慢的人类认为自己才是最伟大的，具有神的地位。但我认为，人类要更谦虚地接受自己是从动物进化而来的这一观点。"[①]

这位年轻人就是达尔文，他之后经过长达20年的艰苦思考和取证，才将相关思想写入《物种起源》并公开发表出来。从这个例子可以看出，对于达尔文之后的心理学家，要接受动物具有思维并不具有不可逾越的障碍。事实上，现代心理学已经通过实验证实，智力较高的动物具有一定的概念思维能力，虽然它们的概念是通过行动表达的，没有办法以语言来表现。对杜威而言，思维是人在行动中应对环境的实践工具，只有在与环境互动，并解决环境的各种问题或挑战的过程中才得以诞生和发展。杜威对思维的这个看法与他所主张的机能主义心理学是一致的。

杜威在哲学、心理学和教育学上皆有杰出的建树。在杜威之前，心理学已经在沿着科学方向发展，并取得了一系列重大发现。例如，比杜威年长10岁的俄国生理学家巴甫洛夫就通过狗做实验，发现了既适合于动物也适用于人的条件反射原理。这个原理应用在教育教学上意味着，在孩子经验生长的关键点上，教育者要适当提供奖励性的刺激反馈，用以稳固习得的有效经验，同时有助于探索新的经验。可是，杜威发现，心

---

① 杜安·P·舒尔茨、悉妮·埃伦·舒尔茨：《现代心理学史（第十版）》，叶浩生、杨文登译，中国轻工业出版社，2014年版，第140页。

理学研究中大量充斥着适合物理学的研究方法，以至于把心理现象还原成更简单的要素来加以解剖分析。物理学固然是科学的典范，但心理现象要比物理现象复杂得多，因此照搬物理学的方法去研究心理现象就可能南辕北辙。早在1896年，也就是《民主与教育》出版之前的20年，杜威就发表了一篇名为"心理学中的反射弧概念"的经典论文，宣示了机能主义心理学的方法论原则。

在杜威之前，心理学家使用"反射弧"的概念来表示刺激、过程和反应这三个环节的关联。例如，婴儿用手去抓烛光是受到了烛光的刺激，他进而感到灼痛，这是他作出反应前的过程，然后他缩回了手掌，这就是反应。这三个环节彼此关联和相互影响，因此心理学家就用"反射弧"对这三个环节予以整体描述。可在杜威看来，这个分析框架是有缺陷的，仿佛这三个环节是独立自存的，而不能看清经验实际上是一个作为整体的回路。杜威强调，"只是因为热引起的疼痛的感觉和视觉的以及肌肉的感觉进入到了同一经验的回路，儿童才能够从这个经验中得到学习并获得将来躲避这一经验的能力"①。杜威想要表达的是，经验表现为有机体应对环境并与之互动的综合过程，这个过程是有主动性和目的性的，哪怕有机体对此没有意识。正是主动性和目的性统摄着整个经验回路，使刺激、感觉与反应呈现为彼此关联的机能活动。所以杜威说，"刺激是因

---

① 约翰·杜威：《杜威全集·早期著作（第五卷）》，杨小微、罗德红等译，华东师范大学出版社，2010年版，第74页。

反应的发生而形成的"①，而不是孤立于反应而独立存在的。经验的形成和发展，离不开有机体的主动反应，类似于人在环境中有意识的行动或实践。

经验是一个又一个的回路，以及它们的复杂关联。按照杜威的这个思想，经验回路就有低级和高级之分，婴儿应对环境的方式是低级的，而有刻意想法以工具去应对环境则是高级的。以经验回路作为一个思考范式，就可以理解杜威为何要说"思想仅仅作为思想是不完备的，它们至多是尝试性的……只有检验它们，才能赋予它们以完整的意义和现实感"。毕竟，思维只是我们人这种高级生命体应对环境过程中诞生的高级回路的一个环节。按照这个观念，人的思维就不可能是静态的沉思，而只能是应对环境且参与反应互动的实践过程。

当然，这就会导致一个问题，人的实践是多种多样的，在不同的实践回路中思维会呈现出不同的特征。那么，人的思维有根本的统一性吗？还是说，只要应对环境是成功或有效的，就不需要考虑思维的统一性问题？《民主与教育》没有提出这个问题。不过，我们可以合理猜测，站在杜威的立场，他可能会说，人类思维是否有统一性的问题是一个实践中的二阶问题，这个问题的含义及解决只能诉诸生动活泼的实践。这个二级问题，本身也是一个实践问题，而不可能凭借脱离实践的形而上学想象去回答。事实上，思维的统一性问题不仅在具体学科中出现，如现代物理学家对协调相对论和量子

---

① 约翰·杜威：《杜威全集·早期著作（第五卷）》，杨小微、罗德红等译，华东师范大学出版社，2010年版，第80页。

力学的统一理论的不懈追求，思维的统一性问题也是我们进一步追随杜威探讨科学主义与人文主义之张力的教育意义的关键。

科学的边界

　　上一节提到了思维的统一性问题。我们已经看到，在杜威那里，思维不是静态的或纯粹的思，而是一种有目的的活动，用于解决实践中的问题。就人的高级文明而言，实践是多维度的。有面向自然界的实践，致力于发现自然的秘密；有面向社会的实践，致力于提升人的福祉；也有面向精神领域的实践，致力于提高审美层次、道德修养和实现精神的自由。当然，这些维度之间不是隔绝的，而是相互渗透和影响的。例如，提升人的福祉离不开科技进步，而科技进步也能直接贡献于人的精神领域。但这种渗透和影响是不对称的，科学技术自 20 世纪以来，显现了远大于人类其他思想成就的实用价值，科学思维方式也成了其他学科或领域争相学习借鉴的对象。那么，什么是科学思维方式呢？

　　在杜威看来，人类的思维不管有哪些维度，至少有两个共同点：其一，思维具有工具意义，理解人类思维的本质不能采取帕斯卡尔的视角，而应该采取实践视角；其二，思维要追求实践中的普遍有效性，要为思维参与之下的实践结果负责。所以，杜威强调："我们渴望这种或那种结果。一个完全不关心结果的人根本就不会追踪或思考正在发生之事。思维活动有赖于对事情的结果的共情，从这里产生了一个有关思维的主要悖论。思维生于偏袒，而为了实现其任务，思维必须超越自身而抵达不偏不倚。"①杜威所说的"悖论"对于理解科学思维很有启发性。科学思维不是凭空产生的，而是来源于一个个具体的科学家的实践活动，来源于一个个具体的头脑。思维之所以生于偏袒，是因为不可能有脱离经验的思维，而经验又总是附着于具体的人的经验。因此，科学思维的第一个要求就是"对事情的结果的共情"，换言之，科学真理的必要条件是科学家共同体的共识。

当然，现实的共识既不是科学真理的必要条件，更不是充分条件。当科学家将自己的发现公开发表时，他的"共情"信念是，只要其他科学家承认同样的前提，采取同样的实验、计算和推理，也能得出同样的结论。这个信念无疑是理想化的。真实的情况是，科学家共同体内部往往会就前提、实验、计算、推理的每一个环节产生异议，以至于重要的科学发现经常处于争议之中而很难在短时间内获得共识。特别是有革命性意义的科学贡献，甚至在相当长时间内都无法取得共识，因此，在追求共识的过程中，科学家共同体的分歧恰恰是常态。科学家寻求共识、接受相互论争的前提是，这个过程是平等交流的，不以权威的偏好为标准，不受制于利益或政治压力的考量。换言之，科学家共同体的合理交流方式自然会体现民主理

---

① 约翰·杜威:《民主与教育》, 俞吾金、孔慧译, 华东师范大学出版社, 2019年版, 第180页。

想。平等交流是道德要求，实事求是是基本准绳。

就算所有科学家都遵循理想的科学家共同体的交往规范和准绳，杜威所说的思维要超越自身而抵达不偏不倚也是不容易的。在杜威出版《民主与教育》之后约半个世纪，科学史家托马斯·库恩发表了《科学革命的结构》，这本书后来成为回答"科学是什么？"的经典著作。在库恩看来，科学家的工作总是离不开"范式"，要么是在常规范式中贡献于科学的点滴进步，要么在关键时刻打破旧范式，建立新范式，从而推动科学的革命。以物理学为例，伽利略之所以在质疑统治世界长达两千年的亚里士多德物理学上取得重大突破，是因为他采取了经验观察和实验方法，并通过数据去检验具有普遍性的命题。在伽利略及其他先行者的基础上，牛顿将苹果落地、潮汐和日月星辰的运动等现象的数理解释都纳入了他的三大定律，从而创立了经典力学。牛顿站在巨人的肩上，创建了崭新的科学范式，以至于后来的物理学家如果不接受这个范式，就没有资格成为科学家共同体的一员。经典力学的成功有一个根本点，那就是，既要依靠经验验证，又要突破经验直觉。

物理学被称为经验科学，就是因为它离不开基于经验观察的数理推导和数据检验。哪怕到了 20 世纪后半叶为统一相对论和量子力学而提出的既复杂又优雅的"超弦理论"，也必须经受不外于人类经验的实验检验。可是，随着科学实践的不断深化，科学需要的经验检验已经大大突破了人类的日常经验。事实上，科学思维下的"经验"与人类的日常经验之间的联系越来越薄弱，以至于当科学革命发生时，很多科学家就是因为不肯放弃日常经验的直觉才无法推动或理解科学革命。

在 20 世纪初爱因斯坦提出狭义相对论之前，物理学史上著名的迈克尔逊 - 莫雷实验已经证明，光速是恒定的，在不同惯性系上都是相同的，冲突于经典力学的惯性系叠加原理。当时杰出的物理学家洛伦兹已经提出了"洛伦兹变换"的公式以消解这种冲突，洛伦兹之于爱因斯坦，有点类似于伽利略之于牛顿。之所以爱因斯坦成了狭义相对论的缔造者，是因为他毅然以光速不变为锚定的经验事实而抛弃了牛顿的绝对时空观，真正揭示了"洛伦兹变换"公式的令人惊讶的物理学含义。以科学革命的这个经典案例，可以更好地理解杜威所谓的"思维生于偏袒，而为了实现其任务，思维必须超越自身而抵达不偏不倚"。

现代科学诞生于对经验的尊重，"偏袒"经验事实是科学发展的关键。可随着科学的发展，经验事实不再能够独立于理论，因此随着理论越来越艰深，相应的经验事实脱离了日常经验，对经验事实的描述必须高度依赖抽象的数学语言。很多科学家都相信，数学是宇宙的通用语言，因此唯有以数学描述的经验才有资格成为不偏不倚的。我们可以想象有一种外星智能生命，他们的经验形态与人类的经验形态很不一样，如它们能听见次声波或能"看见"对人类而言的可见光之外的电磁波。无论这种外星物种与人类的差别有多大，只要它们可以用与人类同样的数学语言去描述与日常经验越来越远的科学经验，我们就可以设想，它们的科学与人类的科学是可以相互翻译的。当然，这样的话题超越了杜威在《民主与教育》中的思考。但我们有理由认为，杜威如此看重科学的思维方式，他对科学的理解并不冲突于他之后的科学哲学家或科学史家对科学的解释。

杜威之后，科学技术处于加速发展的过程中。在科学技术的促进下，我们今天的生活世界与杜威撰写《民主与教育》时的人类生活世界已经有很大不同了。科学技术在促进人类福祉的同时，也为人类产生了新的问题，如核毁灭的危险、环境恶化和气候变暖、生化危机、贫富差距的拉大、政府权力的无度扩张、自媒体导致的社会撕裂、人工智能的潜在威胁，等等。虽然《民主与教育》写于第一次世界大战期间，但相比一些经历过第二次世界大战的思想家，杜威对科学思维方式和科学技术造福人类显然有更高的信心。

确实，《民主与教育》中有些文字显露了杜威的乐观主义。杜威说："科学的抽象功能和普遍化接纳任何人的发现，而不管他在时空中的位置。从具体经验的内容和情节中摆脱出来，既表明了科学的疏离性和'抽象性'，也表明了为什么科学在现实中卓有成效的应用是广泛而自由的。"① 杜威对科学功能的归纳相当准确，确实，科学的抽象晦涩与科学的广泛应用是一体的。但杜威却使用了"自由"这个词，给人的感觉是，杜威相信科学研究的成果总是积极的，可以应用到现实的任何方面。

杜威对于科学思维及科学成就的乐观主义还体现在这样一段话上："总之，由于在一定程度上摆脱了习惯的约束，人们有条理、有意识地从事对新经验的规划和控制，而科学则代

---

① 约翰·杜威:《民主与教育》，俞吾金、孔慧译，华东师范大学出版社，2019年版，第275页。

表了智力在这种规划和控制中的职能。科学是有意识的且决非偶然的进步的唯一工具。"[①] 显然，杜威对科学的态度已超越了乐观而近乎一种信仰。当杜威认为科学是人类进步的唯一工具时，这实在是走得太远了。必须承认，人文思想、艺术，甚至宗教都对人类社会的进步有巨大的促进，而这些领域的思维方式与科学思维方式有根本的不同。也必须承认，科技思维和成就能大大促进工具理性，但却未必能促进人类的价值理性或实践理性，反而趋向于催生只重实效的文化。难怪杜威的哲学要被冠以"实用主义"或"实效主义"的中文标签，这并非完全没有道理。[②] 对杜威的科学乐观主义稍加反思，就会把我们引向一个根本的问题——科学有边界吗？

这个问题有两层意思。第一，人类思维或人类的全部实践能够以科学思维或科学实践为唯一的标准吗？第二，从本质上看，科学思维或科学成就能够解决人类面临的一切实践问题吗？对第一个问题的简要回答是"不是"，这个答案的内涵将在本书的后续部分逐渐展开。对第二个问题持肯定回答的人通称为"科学主义者"。科学主义者相信科学思维代表了人类的最高思维方式，科学真理是最高的真理，人类的一切实践问题都可以并且应该还原成科学问题，而且只要做了成功的还原，任何实践问题都能找到科学的解决办法。

很多伟大的科学家并不持有这样的科学主义立场，因为这种立场恰恰无法得到科学的证明，因此本身是非科学的。很

①　约翰·杜威:《民主与教育》，俞吾金、孔慧译，华东师范大学出版社，2019年版，第275–276页。
②　具体阐述请参见附录第三篇文章。

难说杜威是这个意义上的科学主义者，但他从实践主义的视野出发，确有把科学思维和科学真理当作最高实践范例的趋向。如果我们承认，人类思维的不同维度是不能相互替换或还原的，人类思维的统一不仅遥遥无期，而且这种统一本身既是不可能的也是不值得期望的，那么，理解与科学主义对立的人文主义就是人类自我理解的必然要求。

人文主义的意义

在《民主与教育》中，杜威描绘了自然主义与人文主义的对立，而没有使用作为自然主义的极端形式的"科学主义"这个术语。在杜威的笔下，自然主义者倾心科学思维和成就，但却容易以物理学为范例而形成机械的世界观。人文主义者则相反，他们执迷于前科学时代的艺术、文学、宗教和哲学而看轻科学进步，因此就没有办法理解科学本身的人文主义含义。

杜威认为自然主义的错误在于以机械论眼光打量世界，这就强化了物质与心灵的二元论。由于机械论世界观有重大缺陷，因此自然主义者越是高扬科学的大旗，人文主义者就越是看轻科学，结果就以相反的方式固化了物质与心灵的二元论。杜威指出，根本的症结是横亘于自然主义和人文主义之间的物质与心灵的二元论，可简称为"心物二元论"。杜威撰写《民主与教育》的一个重要目的，就是要消除心物二元论对教育发展的危害。

杜威坚决反对心物二元论，他强调："经验不应该被划分为人类关切的事务和纯粹机械的物理世界。人类的家园是自然界，人类的目的和目标的达成有赖于自然的各种条件。脱离这些条件，人类的目的和目标就成了空洞的梦想、无聊的幻觉。从人类经验的立场看，也就是从教育努力的立场看，在自然与人之间作出的任何恰当的区别，都是人们在制定和达成实际目标中不得不应对的各种条件和这些目标本身的区别。生物发展的学说表明，人是自然的一部分，不是加入自然进程的外来者。因此，它支持了这种哲学。"①

"这种哲学"就是杜威自己主张的反对心物二元论的实践主义哲学。按照杜威的哲学观，世界本来是一体化和混沌未分的，唯有基于人应对环境的实践，世界才按照人的多元目标被划分和归类。按照这种思想，自然主义也好，人文主义也罢，只是人类实践的不同领域，它们之间的二元对立是虚假的，而心物二元论也是不成立的。

自然主义与人文主义的二元对立投射在教育上会产生诸多问题。首先，会助长学科的人为区分，导致科学学科与人文学科之间的世界观的分裂。这种分裂会破坏学生精神发展的连续性和整体性，从而有损想象力和创造性的培育。这种分裂容易使社会的有闲阶层固守历史传承的人文主义兴趣，而看不清楚科学技术与产业的结合才能给人类带来更大的福祉。

杜威努力揭示分裂的历史原因，他认为主要是过去的特权阶层看不起实验和技艺所导致的，而这种思维惯性仍然很大。杜威不喜欢传统精英的思维方式，他认为那是腐朽的贵族

---

① 约翰·杜威：《民主与教育》，俞吾金、孔慧译，华东师范大学出版社，2019年版，第342页。

文化的残余，要在所谓的纯粹知识和实践知识之间作虚假的划分。杜威因此毫不留情地批判道："自然科学比根据有闲阶级的专门利益而建立教育计划的所谓人文主义更具有人文主义的性质。"[1] 杜威对自然主义与人文主义的二元对立的批判旨在告诫人们，实践总是立足当下而面向未来的。某件事物是否具有人文主义价值，不是要看它是不是在历史中有重要位置，而是要看它是否"在解放人类智力和人类同情心方面作出了贡献"[2]。就教育而言，"达到了这种结果的都是人文主义的，任何不能达到这种结果的主题内容连教育意义都没有"[3]。杜威认为造成相应分裂的精英主义难辞其咎，再加上他坚持民主理想，所以他说："如果我们的社会真正要变得民主，就必须克服这种教育中的分裂。"[4]

把自然主义或更极端的科学主义与人文主义的对立归咎于精英主义的惰性、短视或自私，这个说法在杜威创作《民主与教育》的年代和文化背景下也许有一定道理。杜威也指出，隐藏在背后起作用的是心物二元论，即相信物质世界和精神世界遵循对立的运行法则。物理世界遵循的是具有必然性的自然法则，精神世界遵循的是具有创造性和超越性的自由法则。

可以说，杜威的整个哲学抱负就是要消除心物二元论，用实践主义的一元论去解释心物二元论是如何产生的，应该如

---

[1]　约翰·杜威：《民主与教育》，俞吾金、孔慧译，华东师范大学出版社，2019年版，第278页。译文有改动。
[2]　同上。
[3]　同上。
[4]　同上，第347页。

何予以克服，以及克服之后的益处体现在哪些方面。《民主与教育》强调的是，克服心物二元论有助于消除传统教育的弊端，同时会使教育视野变得更开阔，教育改革变得更有活力。杜威式的教育改革体现在《明天的学校》记载的丰富案例中，包括打破学科壁垒、"做中学"、重视经验生长、重视思维发展、尊重不确定性、强调师生交流、推进教学相长、联结社会经验，等等。

不过，需要指出的是，心物二元论既有文化的也有人性的渊源。在杜威创作《民主与教育》的年代，欧美社会的世俗化在政教分离原则的保护下，已不可逆转。在达尔文发表《物种起源》的1859年，他不再可能遭到类似于教会对布鲁诺和伽利略的迫害。因为英国社会对言论自由、出版自由、思想自由的信念已经深入人心，并有相应的立法予以保障，以至于以批判和推翻资本主义制度为己任的马克思能够在英国得到包容。

也是在1859年，英国著名哲学家约翰·密尔出版了《论自由》一书，这本书系统探讨了什么是政治自由和社会自由，以及自由对于人类发展的意义。1903年，晚清的严复将这部著作翻译成了《群己权界论》，对当时中国的知识界简直有振聋发聩的影响。严复当时之所以没有用"论自由"作为这本译著的书名，一个重要的原因是，中国传统的政治与社会话语中，根本就没有现代政治学意义上的"自由"这个概念。而《群己权界论》倒是清晰道出了约翰·密尔这部名著的核心思想，那就是，自由是由自由的边界而确定的。

例如，在《论自由》中有这么一句话，"自由取决于你最憎恨的观点持有者的权利"，这句话使人联想起 18 世纪法国启蒙思想家伏尔泰所说的，"我不赞同你的观点，但却誓死捍卫你说话的权利"。这些都是杜威撰写《民主与教育》的历史文化背景，因此"自由""民主""权利""法治""政教分离"就构成了比仅从狭义的教育学的角度透视教育现象的更深刻的概念支点。

　　欧美社会不可避免的世俗化过程就是在上述背景下展开的。既然自由言论和表达是受法律保护的，随着科学技术的突飞猛进，对冲突于宗教世界观的科学世界观予以自由表达就不再有任何阻碍。在《民主与教育》的撰写年代，欧洲社会的大多数普通人仍然虔诚相信基督教的上帝，但却看不到杜威以宗教信念去谈论教育，就像他之前的教育思想家如福禄培尔所做的那样。这说明《民主与教育》是一部世俗化的教育哲学著作，而深受达尔文思想影响的杜威坚决拒绝从超自然的视野去展开自己的相关思考。

　　纵观杜威一生的著作，他很少正面谈论宗教话题，因为这一点，他甚至受到了同时代人的诟病。当谈论宗教时，杜威最多只是承认宗教经验有积极意义，但宗教经验不是隶属于某一种宗教的，而是属于人类的普遍经验。在杜威看来，宗教经验的积极意义，乃至"上帝"概念，不过是指示着人类至高理想与现实之间的落差，以及缩小这个落差的有目的的实践活动。以这个视野来看，可以说杜威一生致力于的社会和教育改革，确实贯穿着宗教般的情怀。在这一点上，杜威与马克思有些相似。

　　尽管杜威在《民主与教育》中对心物二元论以及由之造

成的自然主义与人文主义的对立有自己的独特理解，但杜威之后这个对立不仅没有消失，而且自然主义还逐渐演化成了科学主义这样一种更极端的形式。科学主义相信随着科学技术的发展，人类最终能够以科学的方法理解和解决一切问题，包括人文主义思想中的问题。特别是在今天这个高科技时代，各个领域的科学技术成了显学，对人类生活的影响和改造无所不在。

在这个时代背景下，"科学"容易成为"真理"的代名词，任何事情只要打上了"科学"的头衔，就像是获得了免于怀疑的特权。然而怀疑恰好是科学精神的重要支点之一，一个没有怀疑的世界绝不可能是科学的世界。事实上，科学主义本身没有办法以科学的方式去证明，这种主义不过是被科学糖衣包裹的特殊迷信。科学主义对教育的危害是不言而喻的，教育毕竟是面向人的教育，具有精神向度，而科学主义却会以科学的方法和名义狂妄地窒息人的精神向度。

大科学家对科学主义往往具有警惕之心，量子力学的不确定性原理的创建者海森伯就很清楚科学真理的有限性。1973年，年过70岁的海森伯在一个具有宗教背景的科学论坛上作了一场名为"科学真理和宗教真理"的演讲。在这篇演讲中，海森伯回顾了近代科学的发展如何屡遭教会势力的阻挠，以及科学发现如何一次次突破人类对于自身在宇宙中的位置的想象。尽管海森伯像杜威一样不执着于宗教的具体形态，且不回避教会在历史上阻挠科学发展的错误，但他却声称："一个科学界的代表，如果他努力思索了宗教真理与科学真理的关系，也必须承认宗教的无所不包的意义。"[①]

简要地讲，海森伯所说的宗教真理代表了没有办法以科学真理去涵盖的人文主义追求，包括艺术、文学、道德、哲学和各种具体的宗教。在这篇演讲中，海森伯始终强调"发自宗教思想内心的伦理要求不应当被科学领域的极端理性的论证削弱"[②]。海森伯所说的"极端理性的论证"就是指科学方法论要求的对于事物的对象化的分析、还原和数理建模。在这篇讲演的最后，海森伯的结束语是："如果我们能够在两种真理之间重新找到正确的平衡，那么我们在这方向就能够取得成功。"[③]他所说的"这方面"是指人类社会的伦理、价值观和精神领域的重建。之所以称之为"重建"，是因为在杜威去世 20 年之后的 20 世纪下半叶，经过两次世界大战并处于核战争和核毁灭阴霾中的人类，再也不相信科学是永恒真理之光，再也不可能认为科学是人类的伊甸园了。

因此我们看到，杜威之后，科学与人文的二元对立不仅没有消除，反而愈加棘手。消除心物二元论是杜威的哲学追求，也是今天的神经科学家致力于通过大脑神经元的生化过程解释人的意识现象的基本立场。也许，未来的人类能够创造具有自主意识的机器，从而彻底推翻心物二元论。不过，就算人类能够创造具有自主意识的机器，也有理由认为，只要这样的机器具有"我"的意识，就必然会诞生一系列既有深度意义又无法还原成科学的问题。

---

① W.海森伯:《物理学和哲学》，范岱年译，商务印书馆，2011 年版，第 184 页。
② 同上，第 190 页。
③ 同上，第 191 页。

在"科学真理和宗教真理"这次讲演中，海森伯引用了对量子力学有杰出贡献的物理学家泡利对于人类思维视野的感慨。令泡利百思不得其解的是，我们有两个打量世界的方式，分别形成了两个概念，一个是客观世界的概念，一个是主体世界的概念。泡利感慨道，这两个视野"在人类思想史上都极其富有成果，虽然它们哪一个也不符合于真正的真理。……我们的思想大致在这两个对立的极端概念之间摆动；我们必须承受这两极产生的张力"①。

理解了海森伯和泡利的感慨，我们再回到杜威，可以有如下的评论。在杜威撰写《民主与教育》的年代，科学作为人类的一种思维方式，其贡献是如此明显，以至于其局限还未得到充分认识。而杜威面临的主要问题是如何将科学技术教育从他所批判的人文主义教育中解放出来，就此而言，杜威是相当具有时代敏感性的。

但是，正因为杜威对心物二元论及自然主义与人文主义的对立的批判太有时代敏感性了，他对心物二元论及这种对立的更深根源就没有作进一步追溯。事实上，正如泡利所说，客体与主体构成了一对我们必须承受的概念张力，甚至可以说，一旦失去这个张力，主体和客体就将同时失去。我们有理由认为，心物二元论不过是对这个张力的一种命名，或是对这个张力的一种多少具有合理性的表达；也有理由认为，人之为人的本性就在于这个张力，或由这个张力构成的二重性。

现在，让我们再次回到帕斯卡尔的《思想录》，感受一下

①　W.海森伯:《物理学和哲学》，范岱年译，商务印书馆，2011年版，第190页。

一个能深刻认识到人的二重性的灵魂对世界的惊奇："人在自然界中到底是什么呢？对于无穷而言就是虚无，对于虚无而言就是全体，是无和全之间的一个中项。他距离理解这两个极端都是无穷之远，事物的归宿以及它们的起源对他来说，都是无可逾越地隐藏在一个无从渗透的神秘里面；他所由之而来的那种虚无以及他所被吞没于其中的那种无限，这二者都同等地是无法窥测的。……我们燃烧着想要寻求一块坚固的基地与一个持久的最后据点的愿望，以期在这上面建立起一座能上升到无穷的高塔；但是我们整个的基础破裂了，大地裂为深渊。"①

　　我们无需在这里解释帕斯卡尔究竟在想什么，只需直接阅读，就能感受到特殊的张力和震撼。当读懂了帕斯卡尔再去看杜威对于人类思维的实践主义解释，我们也许就能看出这种解释的可能不足。无论怎样，主体视野和客观视野的紧张，以及与之关联的人的二重性，才是杜威欲以克服的心物二元论及自然主义与人文主义冲突的根源。杜威对几乎一切二元论的排斥，使得他有意无意地忽略了这个根源的深刻性和必然性，《民主与教育》对心物二元论的诊断和所提出的克服方案，有时难免显得过于乐观了。

　　今天，人类的现实处境已经非常不同于杜威创作《民主与教育》的时代，但主客体的二元论及人的二重性依然存在，而且必然存在。今天的问题不再是自然主义与人文主义的杜威式冲突，要像杜威那样将科学技术从人文主义的束缚中解放出来。今天的问题是科学主义的泛滥，以至于人文主义的空间反

① 帕斯卡尔：《思想录》，何兆武译，商务印书馆，1985年版，第33-36页。

而越来越小。可是，一旦作为伪科学的科学主义取得了彻底的胜利，主客体的二元紧张就将消失。随之消失的是人的二重性，以及唯有正视人的二重性才可能确立的人的教育。而防止人和人的教育的消失，正是科技兴盛的时代高扬人文主义大旗的意义。

第七章

道德教育的真与伪

道德教育是教育的核心内容之一，然而道德教育却有很多陷阱。本章以杜威的教育哲学视野揭示道德教育的误区，引向了关于道德思维与科学思维的相似性和差异性的探讨。为了使杜威关于道德教育的洞见显得更加真切，本章还借助了皮亚杰和科尔伯格两位心理学家关于儿童道德发展的研究，并以此来呼应民主与教育这两个孪生主题。本章最后探讨了道德教育与校园文化建设的关系，解构了一些习以为常的传统认知。

道德教育的陷阱

道德教育有自己的陷阱。陷阱源于一些可能虚假的前提，例如，道德标准是固定的，教育者比被教育者更有道德，权威越大德性越高。道德标准的反对者认为，根本就没有客观的道德标准，因为何为善恶不过是主观的偏好。就像审美是主观的一样，道德也没有客观性，只是因为大多数人持有类似的道德标准或判断，才会对何为善恶有了约定俗成。

道德标准的反对者未必会反对道德教育，但他们理解的道德教育就是把道德的约定俗成传递给未成年人。既然道德就是约定俗成，这样的道德教育必然不会鼓励独立的道德思考。有意思的是，那些相信道德标准是确定不移的人，也可能不会鼓励道德思考，在他们的眼中，道德教育不过是牢记这些标准，并在行动中遵守它们。

科学研究不得扼杀具有怀疑精神的科学思维，类似地，道德教育不能扼杀责任导向的道德思维。杜威对思维的理解是："思维是一种有意图的努力，试图去发现所做的事情和所产生的结果之间的具体联系，从而建立起两者的连续性。"① 道德思维也是一种有意图的努力，旨在发现道德标准和所产生的结果之间是什么关系，并要判断结果是否是合理的。让我们引用《论语》中的一个故事来说明什么是道德思维。

孔子周游列国的时候与楚国的一个地方官叶公有一次对话，《论语》是这样记载的："叶公语孔子曰：'吾党有直躬者，其父攘羊，而子证之。'"叶公是个强权人物，在他管辖的范围内，要求每个人都要遵守他颁布的法令。在叶公看来，执政者颁布的法令就规定了什么是应当做的，什么是不应当做的。叶公在孔子面前炫耀说，在我管辖的区域，人们把法令放到了亲情之上，父亲偷了羊，儿子就会出来作证，绝不包庇自己的父亲。

不难看出，叶公信奉的道德观是：遵守权威的命令就是对的，反之则是错的。至于谁是"权威"，要视语境而定，可以是具体的家长、教师、领导，也可以是抽象的政府或法令。下一节我们将要看到，若不突破"权威道德"的层次，未成年人的道德思维就没有办法发展。

可是，在现实的教育生活中，我们却能看到，有些教师的道德观就停留在权威道德的层次，要求学生绝对服从他们的要求。这些教师的理由是为学生"好"，为此，他们甚至鼓励学生向教师打小报告或相互揭发彼此的言行。这种做法很像《论语》里的叶公，他认为自己是"父母官"，有权按他认为对老百姓"好"的方式去进行治理，包括鼓励老百姓相互告密、

① 约翰·杜威：《民主与教育》，俞吾金、孔慧译，华东师范大学出版社，2019年版，第178页。

相互揭发。

我们知道，孔子在周游列国时总是寄人篱下，面对叶公这么强势的人物，他是怎样应对的呢？孔子听了叶公自鸣得意的话之后，也不说叶公做得对还是不对，只是告诉对方："吾党之直者异于是：父为子隐，子为父隐，直在其中矣。"

就这样，孔子以更高的道德思维否定了叶公的权威道德观。孔子发现叶公信奉的道德标准会导致人人争相告密的结果，这就会破坏道德的天然根基——人伦。如果一个社会告密行为盛行，连天然的血缘亲情都不顾了，这样的社会无论以怎样的道德或政治口号去粉饰，都是糟糕之极甚至是灭绝人性的。孔子并不是说，任何时候都要"父为子隐，子为父隐"，在非常特殊的情况下，大义灭亲有可能是合理的。

孔子只是强调，在社会运行的正常情况下，不能鼓励以破坏人伦的方式去树立法令的威信，然后把顺从权威或法令当作道德的标准。孔子对叶公的回应佐证了杜威对思维的看法，那就是，真正的思考必须判断"已发生的事情对尚未发生，但可能发生的事情产生的影响"[①]。当然，就道德思考而言，还要考虑这种影响是否是合理的，如果不合理，就不能在道德上承认。进一步的结论就是，哪怕"已发生的事情"是掌权者颁布的法令和被统治者的习以为常，在道德上仍然是不可接受的。

从这个事例可以看出，道德思维与科学思维有很大的不同。科学的对象是科学事实，道德的对象是道德价值。科学思

① 约翰·杜威：《民主与教育》，俞吾金、孔慧译，华东师范大学出版社，2019年版，第179页。

维不涉及道德价值，科学研究必须是价值中立的。按照科学思维方式，叶公颁布的法令与老百姓的遵守构成了因果关系，而法令本身的对或不对，遵守相应的法令的后果有什么不好，都不是科学关心的事情。

当然，可以依据相应的道德考量去设计研究方案，并借助统计学、社会学或心理学手段对当事人的行为和心理进行分析说明。这个时候，科学确实是研究的有效工具，但却不能反过来回答与研究目的或道德目的相关的问题。以道德思维为参照，能够看出科学思维的边界和局限。科学在其边界之内鼓励怀疑、批判与建构，这是科学兴盛的重要前提。类似地，在道德领域内鼓励怀疑、批判与建构，道德思维才可能得到发展。

人的思维以万物为对象，必要时，也以思维本身为对象。当思维站在更高维度以自身为思考对象时，我们就称这种高阶思维能力为批判性思维或审辨式思维，杜威习惯称之为"反思思维"或"反省思维"。在《我们怎样思维》这本书中，杜威全面阐述了反思思维的重要性和功能，其中一章的标题就是"为什么必须以反思思维作为教育的目的？"。

在杜威看来，思维的价值体现在使行为更有目的性和更合理，从而促使当事人为达目的而进行探索和发明，并最终使事物的意义得到显现和充实。根据杜威对好的思维或"反省思维"的理解，他总结说："训练思维能力的巨大价值就在于：原先经过思维充分检验而获得的意义，有可能毫无限制地应用于生活中的各种对象和事件，因而，人类生活中，意义的不断增长也是没有限制的。"① 这段话充分反映了杜威对于人类和人类思维的乐观主义。

正如上一章所述，这种乐观主义有时会忽略人类存在的客体视野与主体视野的区别与矛盾。确实，无论是在《民主与教育》还是《我们怎样思维》中，杜威都没有或不愿意在科学思维与道德思维之间作出明确的区分，而这种区分正对应着人之存在的二重性——客体的视野与主体的视野。

就科学思维而言，包括人在内的万事万物都应该纳入客体化或对象化的研究，可以将作为整体的人进行分解或分析。这个立场的合理依据在于，既然人是自然的一部分，就没有任何理由阻止以科学研究物的方式去研究人。所以我们看到，伴随科学的整体发展，关于人的研究不断在生理学、神经科学、实验心理学上取得进展。

然而这种进展只可能是客体视野上的进展，而与主体视野无关。考虑到杜威认为"科学是有意识的且决非偶然的进步的唯一工具"②，我们就更有理由认为，杜威对于科学思维与道德思维的区别没有或不愿意作出清晰的划分，从而可能得出科学进步必然导致道德进步的乐观结论。反过来，如果人的道德或道德教育出了问题，就更有可能归责于科学思维不昌明，或没能将普遍有效的科学思维应用于人的道德处境。这样的归责不是完全没有道理的，毕竟，科学思维的有效性蕴涵了特定的人格和交流类型。

---

① 约翰·杜威:《我们怎样思维·经验与教育》，姜文闵译，人民教育出版社，2005年版，第26页。

② 对这句话的解释和反思，参见第六章。

在 20 世纪初我国的新文化运动时期，之所以将"赛先生"（科学）与"德先生"（民主）并列，就是因为提倡者洞悉到了科学与民主分别从不同的角度支持真诚、责任、倾听、交流、反思的人格特征，它们又都是道德人格的重要构成。考虑到杜威对新文化运动的影响，以及一个多世纪后当代中国教育的问题和面临的改革压力，再来阅读杜威关于道德教育的观点，仍不失启发意义。

在《民主与教育》和《我们怎样思维》中，杜威都提炼了以科学思维为标杆的反思思维的人格特征。首先是虚心，"这种态度的涵义是免除偏见、党派意识和诸如此类的封闭观念，免除不愿考虑新问题、不愿采纳新观念的其他习惯。……它对新的主题、事实、观念和问题采取包含的态度……它包含一种愿望，去倾听多方面的意见，不偏听一面之词；它留意来自各种渠道的事实；它充分注意到各种可供选择的可能性；它使我们承认甚至在我们最喜爱的观念中，也存在错误的可能性"①。就未成年人的道德发展而言，引文中的"党派意识"是指"君子不党"的意思，即不以自己的利益为偏袒的出发点。除了虚心，杜威还强调良好的思维习惯有助于使人专心致志并发展出对事对人的责任心。

不难看出，杜威的观点是，道德教育必须是自然的，不能靠着权威或权力去堵塞言路，去强行禁止掌权者所不喜欢的观念，而必须有就真问题进行真诚交流的环境。任何不遵守自

---

① 约翰·杜威：《我们怎样思维·经验与教育》，姜文闵译，人民教育出版社，2005 年版，第 33–34 页。

然和真诚的道德教育，特别是暗中把教师或教育管理者的权力身份等同于道德权威或道德身份，都可能产生相应的陷阱或悖论。越是强调道德教育，道德就越堪忧，这样的情况在现实中屡见不鲜。如果讲大话的道德教育还与各种形式主义结合在一起，"道德"一词及所代表的僵化的内容，在未成年人的心中就更加可憎。如果未成年人不敢表达自己的憎恶，甚至久而久之反而不觉得可憎了，那才是真正的可怕。

对此，在杜威发表的一篇关于未成年人的道德教育的文章中，他提出了如下警示："设定道德教诲而不是从学校本身发生的事中生成道德教诲，抑或不是引发学生对自身作为其中一分子的生活意义的关注，注定是形式主义的和敷衍了事的，注定导致大量一知半解的格言硬化孩子的心灵，而不是导致有益的发展。而且，如果道德教诲不是构想为像培育孩子自身的良心那样来设定行为规范方面的教诲，那么在一些孩子身上就有培养出一种病态良知的危险，……在另一些孩子身上则有造就出道学先生和伪君子的危险。"① 发表上述观点时，杜威年仅 24 岁。

① 《中学伦理学教学》，引自杜威：《杜威全集·早期著作（第四卷）》，王新生、刘平译，华东师范大学出版社，2010 年版，第 49 页。

道德心理学的启示

今天的教育，就是明天的社会，这是杜威在《民主与教育》中表达的基本观点。教育不仅是社会延续之必需，也是社会改革之必需。对杜威而言，社会应该向着吻合民主理想的方向进步，而民主理想也是一种道德理想。

显然，负责任的社会和学校都会向未成年人实施道德教育。杜威坚决批判会导致伪善的道德教育，杜威的批判立足于他对经验生长的重要性的强调。道德作为一种经验也需要相应的环境才能生长或发展，而学校教育就是要为学生营造可以刺激道德发展的环境。事实上，学校绝非是，也绝不应成为没有道德瑕疵的象牙塔。有人的地方就有人性的表达和冲突，就有理解和解决冲突的努力，由未成年人和成年人共同构成的学校不可能是例外。

学校里的冲突可能是学生与学生之间的，学生与教师之间的，以及教师与教师之间的。这里的"教师"泛指教师团队，包括学校管理者和后勤人员。杜威是理解和描述人类经验生长的辩证法大师，他在《民主与教育》中花了大量笔墨去描述经验是如何在互动和交流中才得以生长的。

例如，在探讨成长与不成熟的关系时，杜威深入挖掘了不成熟的积极意义。除了可塑性这个根本特征，不成熟的未成年人还能在互动冲突中对成年人的经验生长作出贡献。很多时候，成年人易于以自己的经验去否定性地看待未成年人的经验，仿佛未成年人的经验本身是不具备价值的。事实上，成年人只有努力进入未成年人的经验，才能理解他们已经遗忘的那种经验类型的生动有趣及反过来对于成年人的教益。因此，充分意识到这一点的杜威才会站在未成年人的角度强调，"假如儿童能够清楚而真诚地表达自己，他们就会表述不一样的故事"[①]。

就道德经验的生长而言，成年人也易于以自己的视野去打量儿童，一个极端是把他们当作纯洁无瑕的小天使，另一个极端是把他们当作需要严加管束的小野兽。这两个极端都是杜威否定的，杜威之后的道德心理学的发展，也印证了杜威的否定。杜威之后，心理学家皮亚杰对于儿童道德心理是如何发展的，作了深入的研究，对于我们理解杜威的相应观点有重要的关联和启发。

在《儿童的道德判断》这部名著中，皮亚杰开篇即说，"儿童的游戏构成了一种最好的社会制度"[②]。皮亚杰的这句话可以看作对杜威思想的注脚——所有社会制度既是经验生长的结果，也是经验生长的媒介，而游戏则是儿童经验生长的重要契

---

① 约翰·杜威：《民主与教育》，俞吾金、孔慧译，华东师范大学出版社，2019年版，第53页。
② 让·皮亚杰：《儿童的道德判断》，傅统先、陆有铨译，山东教育出版社，1984年版，第2页。

机。皮亚杰通过大量观察发现，游戏规则、游戏角色、游戏过程，都具有道德含义。然后皮亚杰反问，如果游戏不是道德的源头，"那么道德是从哪里开始的呢？"[1]

有游戏就会有冲突，有冲突才需要规则。规则意识的建立与变化，对应着儿童的道德发展的不同阶段。刚开始参与游戏的儿童对于规则是陌生的，负责传递或讲解规则的往往是更大的孩子，他们天然承担起了权威的角色。较小的孩子最初因服从权威而遵守规则，当他们因遵守游戏规则并积极参与游戏而慢慢融入集体后，就会主动捍卫规则。任何改变规则的建议，都会被认为是不可容忍的，是对规则这个神圣之物的背叛。这时，道德发展的第一阶段，所谓"权威的道德"，就经历了从承认人的权威向承认规则的权威的过渡。

权威意识的变化或过渡为进入道德发展的第二阶段打下了基础。这个时候，如果有人因为游戏活动的需要而提出改变规则，所面临的阻力就会远小于把某个大孩子当作绝对权威的情况。尽管仍然会面临保守孩子的阻力，大家不再会认为规则是原则上不可改变的。当孩子们意识到规则是群体活动的一部分，这个时候，就进入到了道德发展的第二阶段，"群体的道德"。

这个阶段的孩子之间的互动更加丰富，他们要在遵守规则与改变规则之间进行论辩，而目的当然是他们这个群体的利益——让游戏更精彩。这个阶段，孩子会慢慢学会跳出自己的

---

[1]　让·皮亚杰：《儿童的道德判断》，傅统先、陆有铨译，山东教育出版社，1984年版，第2页。

偏好去思考问题，有利于形成从不同角度去理解事物的兼听、开放的德性。群体的道德以共同利益为导向，有助于克制自私冲动。在这个阶段，公平游戏和公正裁决的概念会逐渐形成，有些孩子甚至能够为了维护公平公正而牺牲自身利益。

不过，即使在群体的道德阶段，孩子的道德观念也还是有局限的，他们还无法区分哪些规则因产生的利益而值得遵守，哪些规则因更深远的内涵或价值而值得遵守。在真实的成长过程中，孩子的经验世界是交叉扩展的，游戏不再是生活的特殊部分，生活本身贯穿着各种"游戏规则"。在一些熟悉的经验领域，未成年人遵循的可能是群体的道德，而在一些不熟悉的领域，遵守的则是权威的道德。随着年龄的增长和生活经验的丰富，特别是随着进入不同群体的机会越来越多，群体的道德才可能在相当程度上代替权威的道德。

更高的层次是"自律的道德"。这个阶段的当事人会认为，人与人之间合理的互动规则之所以值得遵守，不是出于确定的利益权衡，而是出于对人的尊重。到了道德发展的第三阶段，当事人的道德意识会变得抽象，对人和世界的理解力也会有很大的提升。毫无疑问，道德发展也是一种经验生长，离不开相应的环境。

以上勾勒的道德心理发展模型，是心理学家科尔伯格[①]在皮亚杰的基础上提出来的，这只是一个非常简略的叙述版本。道德心理学探讨的是人的道德发展可能到达的层次，以及所需

---

① 劳伦斯·科尔伯格（Lawrence Kohlberg, 1927—1987），美国心理学家和教育家，在道德认知发展领域有重要贡献。

的经验条件。在《民主与教育》或杜威的其他著作中，关于道德发展的层次没有这么严格的论述。尽管杜威支持以变化的视野去理解未成年人的道德意识的发展，但皮亚杰和科尔伯格的研究中，却明确指出道德发展的层次是与未成年人的心智成熟度相关的。如果心智成熟度还不允许理解更高层次的道德，即使营造相应的道德发展的环境也无济于事。这说明，道德教育就像别的教育一样，要与儿童的理解力相匹配，要从儿童的经验生成去看问题。

例如，对于幼儿，需要首先教会他们服从权威和遵守纪律。幼儿没有办法理解服从权威有益他们的安全和成长，正因为如此，训练服从才是重要的。不过，只有幼儿所服从的权威人士知道未成年人的道德发展要经历不同的阶段，才不会以服从之名堵塞道德发展的空间。这样的权威人士，无论是父母还是教师，才不会以服从之名任意控制孩子的经验生长。类似地，群体的道德要提升到自律的道德，不仅需要心智有相应的成熟度，而且要有更大氛围的民主文化去支撑这种提升。因此，尽管较低的道德层次在某个阶段是必要的，将未成年人固化在这样的道德层次就违背了道德发展的基本原则。

假如杜威知道了他之后的道德发展心理学研究成果，有理由认为，他应该是接受并支持的。在《民主与教育》中，杜威反复强调，学校不能因为要发展学生的道德品质，就把道德发展当作一件孤立的事情。杜威甚至说："如果把人格发展作为最高目标，而又把获得知识和增进理解力等占据大部分在校时间的事情视作与人格无关，那么，学校的道德教育肯定是无望的。"① 杜威与皮亚杰一样，特别重视经验生长中的各类"游戏"对于未成年人的道德心智的影响。

例如，在物理教学中，如果只重视理论教学，而把实验课当作理论的附庸，甚至当作可有可无的摆设，学生失去的就不仅仅是对物理这门实验科学的真切理解，还有亲近科学精神的机会，而科学精神与道德精神在真实、坦诚、交流、责任心等人格塑造方面本来就有相通性。失去积极机会的同时，学生在教师对实验课的虚假安排中也潜移默化地学习了虚假。

这就是为什么杜威反对把道德教育从"生活游戏"的语境中独立出来，变成生硬的道德课程。杜威挖苦说，这样的道德课程对于学生"人格产生的影响不会超过有关亚洲山地的知识对人格产生的影响；如果只有奴性的服从，这种课程便会强化对他人的依赖，把行为的责任上交给权威"②。

毫无疑问，杜威绝不会认为权威的道德是道德发展的高级阶段。仅仅依赖道德权威——无论是教师还是教材——去发展未成年人的道德，在杜威看来都是自相矛盾的。就此而论，杜威与皮亚杰一样，强调"生活游戏"对于道德发展的不可替代的意义。"生活游戏"体现在经验生长的各个领域，包括知识学习、校内的群体互动和校外活动。杜威因此总结道："一切能发展学生的力量，使他们有效地参与社会生活的教育，都

---

① 约翰·杜威:《民主与教育》，俞吾金、孔慧译，华东师范大学出版社，2019年版，第422页。译文有改动。
② 同上。

是道德教育。"①杜威与他之后的皮亚杰无疑都在强调：有真实的生活，才有真实的道德。

以杜威的道德教育的视野为参照，我们甚至可以说，凡是以教授知识和应对考试的名义把未成年人应有的经验生长封锁起来的地方，都更不像学校而更像监狱。在出版《民主与教育》之前八年，杜威发表了一篇名为"教育中的道德原则"的文章，探讨了学校作为一个共同体的道德教育的目标。在这篇文章中，杜威说，"除了参与到社会生活中去，学校没有任何道德目的和目标"②。

杜威所说的"社会生活"不是指学校之外的社会生活，仿佛学校没有社会生活。杜威的意思是，学校本身就是一个社会，一个共同体。各种角色在这个共同体中的经验生长必须是真实的，这个过程既有冲突，也有对冲突的积极解决。把未成年人圈养在书本知识和相关考试中，无疑是剥夺了他们基于经验生长的道德发展机会。

杜威特别担心作为正规教育的学校异化了教育的目标，因此他在这篇文章中追问道："学校赋予自发的本能和冲动以充分的重要性了吗？"学校"为这些本能和冲动表现自己并作出自己的成就提供了足够的机会了吗？"③如果回答是否定的，学校就是在以教育之名实施监禁之实。为了不让学校变成监

① 约翰·杜威:《民主与教育》，俞吾金、孔慧译，华东师范大学出版社，2019年版，第429页。
② 约翰·杜威:《杜威全集·中期著作（第四卷）》，陈亚军、姬志闯译，华东师范大学出版社，2012年版，第217页。
③ 同上，第231页。

狱，杜威强调，"我们必须把道德翻译成共同体生活的环境和力量，翻译成个人的冲动和习惯"①。一旦有了这个道德教育的视野，教师才可能懂得："每一门学科，每一种教育方法，学校生活中的每一个重要事件，都充满着道德的可能性。"②

---

①　约翰·杜威:《杜威全集·中期著作（第四卷）》，陈亚军、姬志闯译，华东师范大学出版社，2012年版，第233页。
②　同上。

听话和守纪律是传统教育的基础。传统教育整体停留在"权威的道德"层次，教师和学生都易于在其中变得呆板。让我们来看一段对学校生活的回忆："从小学到中学，我始终感到学校生活乏味无聊，一年比一年不耐烦，渴望早日结束像水磨一样转动的求学生活。……我们的课堂死气沉沉，枯燥无味；课堂成了一架冷冰冰的学习机器，它不根据学生的需求而转动，仅仅是一台标有'良好、及格、不及格'刻度的自动装置，以此来表示学生适应教学计划的要求达到什么程度。这种缺乏人性、抹煞个性的兵营般的生活，无疑给我们带来巨大的痛苦。"这段话出自文学家茨威格的回忆录《昨日的世界：一个欧洲人的回忆》，是他对自己亲历的 19 世纪末学校教育的印象。令人惊讶的是，这样的基础教育居然发生在有"艺术之都"美誉的维也纳。由此可以想见，当杜威在 19 世纪末开始在美国推动教育改革时，他肯定也会面临不少来自传统教育的阻力。

这样的传统教育毫无生气，所教的知识陈腐不堪，更重要的是，道德教育也随着对经验生长的压制而失去了根基。茨威格本人是那种教育的幸存者，究其原因，是高天赋与优越的家庭环境拯救了他。一般孩子不可能像茨威格那样幸运，而基础教育的改革首先要以绝大多数普通孩子的成长为目标。在重视听话、纪律、说教、形式一致的传统教育中，孩子是可怜的，教师也是不幸的。据茨威格说，他几乎回忆不起来任何具体的教师，因为他们都太体制化了，太相像了。茨威格是这样描述的："那种懊丧的学校生活也怪不得老师。对他们既不能说好，也不能说坏。他们既不是暴君，也不是乐于助人的伙伴，而是一些可怜虫。他们是条条框框的奴隶，官方规定的教学计划束缚着他们，他们也像我们一样，必须完成自己的'课程'。"

　　茨威格在《昨日的世界：一个欧洲人的回忆》中有很多美好的回忆，但对那个时代的传统教育他却完全持一边倒的批判。茨威格回忆说："对学校的这种反感并非我个人的成见；我不记得在我们同学中有谁对这种一成不变的生活不反感，它压抑和磨平了我们最好的兴趣和志向。过了很久我才明白，对青少年的教育采取冷漠无情的方法，并非出于国家主管部门的疏忽，而是包藏着一种经过深思熟虑的、秘而不宣的既定目的。"确实，茨威格生活的奥匈帝国相比英国和法国这样的议会民主国家，是专制而僵化的，就是与近邻德国相比，公共言论空间也更加狭小。这从一个侧面佐证了杜威为何要探讨民主之有无与教育之善恶之间的关系。与茨威格的"明白"相比，杜威更愿意探讨的是，如何通过民主实现教育之善，并使之弥漫于师生心灵和整个校园。

　　对教育之善的理解和确认离不开道德思维的正常运行。

杜威关注人类思维的共同特征，他强调，如果"学生的思维反应中天赋的、自发的和有生命力的东西得不到利用和检验，所养成的习惯就会使这些思维反应越来越不适用于公开的和大家承认的目的"①。在杜威看来，科学思维和民主思维的一个共同特性就是公开性或公共性，他坚信真理越辩越明，因此，科学进步、民主进步、教育进步和整个社会的道德进步都是值得追求且吻合理性预期的。但当茨威格在1941年写完《昨日的世界：一个欧洲人的回忆》时，他对于所谓的进步社会观已不抱信心，一年之后，他在彻底绝望中选择了自杀。然而，人类最终从自身酝酿的灾难中走了出来，在杜威看来，极权主义之恶必然要让位于民主理想之善。

民主理想也是一种道德理想。杜威坚信，今天的学校道德教育的内容和方式偏离了民主理想，明天的社会就将吞下这种偏离的苦果。学校道德教育对民主理想的偏离有多种方式，在杜威看来，各种偏离的共同特点都是漠视或压制未成年人生命经验的真实生长，而道德经验的生长当然也离不开相应的环境。

在本章的第一节中，我们以孔子与叶公的对话，说明了一个告密社会绝不可能是道德社会。虽然儿童不太可能懂得孔子的深刻道理，但儿童对告密这件事却相当敏感。杜威之后，皮亚杰通过大量实证研究，证实了儿童对于告密的态度，是鉴别儿童道德发展水平的关键标准。在《儿童的道德判断》中，

① 约翰·杜威:《民主与教育》，俞吾金、孔慧译，华东师范大学出版社，2019年版，第218页。译文有改动。

皮亚杰以儿童对特定故事的反应来判断儿童道德思维的层次。例如，家长外出前，告诉家里的哥哥要看好弟弟，并要求哥哥要把弟弟干的糊涂事或错事悄悄报告给回来后的大人。据统计，被测试的大多数8岁以上的儿童认为，哥哥不应该告密，他们中很多人甚至认为，哥哥宁可撒谎，也不应该告发弟弟。

对于学校中的告密行为，儿童更是不耻。儿童用自己特有的挖苦语言，把那些绝对顺应教师权威以至于不惜告密的孩子称作"小圣人"或"假圣人"。综合分析关于告密的道德立场后，皮亚杰是这样总结的："每一个在校儿童对于搬弄是非或向老师告密的学生的蔑视，以及对他们所作的自发的判断足以说明，这是儿童道德的一个基点。"[1] 对于传统学校教育中培养的"小圣人""伪君子"，皮亚杰表达了类似于杜威的担忧："如果现在的教育制度不变，人们可以有把握地说：正直的人有机会继续他的一生，而'小圣人'将变成心胸狭窄的道德家，而他的原则总是居于对他的普遍人性的支配地位。"[2]

如果一种教育制度批量生产这些"小圣人"，当他们成人之后，社会的平庸之恶将不可避免，只知听从权威而失去独立判断力的民众所面临的社会灾难也就不远了。《儿童的道德判断》成书于第二次世界大战之前，有理由认为，后来的纳粹极权主义之恶，离不开反民主的学校教育所培养的那一代人，因为他们只知以领袖意志为是非标准。

学校虽然不是政治共同体，但学校和教师对于未成年人

---

[1]　让·皮亚杰:《儿童的道德判断》，傅统先、陆有铨译，山东教育出版社，1984年版，第354页。

[2]　同上，第360–361页。

有天然的权威地位。在杜威看来，学校只有基于民主原则才可能变成真实的交流场和教育场。必须允许和鼓励思维的批判发展，民主的教育才有可能，未成年人的道德发展才是真实不虚的。在杜威看来，黑帮之中也有所谓的道德教育，很像庄子所说的"盗亦有道"。杜威说："一个群体提供的任何教育都倾向于将其成员社会化，但社会化的性质和价值却取决于这个群体的习惯和目标。"[①]

专制社会和民主社会的目标有根本的不同，这决定了它们对未成年人实施的道德教育有本质上的区别。专制社会的教育处处强调权威的重要性，凡事唯上是从，因此易于僵化和弥漫形式主义。民主社会的教育则鼓励经验的自然生长，知道道德的提升离不开对权威道德层次的突破。当未成年人的道德水准普遍达到群体道德的层次后，他们的个人经验会更好地随群体经验的增长而增长。因此，捍卫所在群体的经验和道德，反感告密者破坏群体经验，就成为绝大多数人的自然选择。

一旦在杜威和皮亚杰的研究基础上弄清了经验生长对于道德发展的意义，在学校实施道德教育就有一系列应该禁止的负面做法。学校作为教育的权威机构，自己就不能停留在权威道德的层次。最糟糕的做法是简单颁布一系列道德禁令，如不准打架、不准谈恋爱、不准撒谎，然后要求绝对遵守。事实上，这样的道德禁令既不必要，也不可能。毕竟，在完全遵守这类道德禁令的地方，将不会有经验生长，因此也就不会有道

---

① 约翰·杜威:《民主与教育》，俞吾金、孔慧译，华东师范大学出版社，2019年版，第102页。

德发展。例如，男孩子之间解决冲突的极端方式是打架。打架固然不好，但若输家破坏群体道德的默认承诺而向学校告密，试图借助更高的权威为自己争得利益，则理应遭到鄙视。

首先是未成年人群体的鄙视，因为这种做法突破了群体道德的正义感。其次，凡是对人类道德发展的本质有所理解的教师，也不能鼓励这种背叛、告密和违背群体正义感的行为。理由是，未成年人只有以群体正义感为基础，才可能向自律的道德层次发展，并最终将附着于固定群体的正义感上升至具有普遍意义的社会正义感。

由于杜威始终将好的教育与民主联系在一起，他才会说："归根到底，行为的道德品质与社会的品质是相互一致的。因此，衡量学校行政、课程和教育方法的标准就是它们在何种程度上受到社会精神的推动。……对学校工作的巨大威胁，是缺少使社会精神具有渗透性的条件，这是开展有效的道德训练的敌人。"[1]杜威所说的"社会精神"要容纳和鼓励鲜活经验的生长，不会以僵化的道德标签去约束道德经验的发展和提升，因此也是民主的精神。

类似地，青春期的男孩女孩彼此有性的吸引力，这是再自然不过的事了。如果学校仅仅以提高考试分数、学校不允许、学生不成熟为由而禁止学生恋爱，无非是逼迫未成年人将彼此的爱慕转入地下状态。在学生群体内部，谁喜欢谁，谁与谁好上了，这些消息往往是对教师和学校封锁的，毕竟群体道

---

[1] 约翰·杜威：《民主与教育》，俞吾金、孔慧译，华东师范大学出版社，2019年版，第426页。

德要对群体利益实施保护。如果群体中没有告密者，说明群体道德是可靠的，也说明群体会以集体沉默、掩护或谎言去对抗学校的权威。面对这种情况，教师是该喜还是该忧呢？

只知道服从权威的教师肯定是忧虑的，他们要想尽办法破坏学生的群体道德。而对人类道德的本质有所领悟的教师，即使不能改变学校的权威规定，也会理解学生并暗中保护学生的群体道德。这样的教师是通情达理的，他们本身的道德层次更有可能超越权威的和群体的层次而达到民主精神需要的自律水平。这样的教师会在学校不合理的权威与未成年人的合理诉求之间建立缓冲区，他们以自己的知行合一为示例，于潜移默化中训练学生的道德判断力。毕竟，真实的生活情境、冲突和交流都具有教育意义，正如杜威所说："对于生活中的一切交往发生学习的兴趣，本质上是道德的兴趣。"①

道德教育的确是学校文化的核心，但杜威却明确反对把道德教育单列出来，仿佛道德是专门"教育"的结果。真正的道德教育必须根植于学校文化，是润物细无声的，存在于各种冲突和解决冲突的交往互动中。道德教育必须是真实的，也如中国古人所说的"诚者天之道，诚之者人之道"，不诚无物，诚乃修身之本。

在杜威的意义上，这种真实就是经验生长的真实，当事人必须在与他人的冲突和自己欲念的冲突中，体悟道德的真意。这种体悟随着道德经验的不断拓展和升华，将凝结成具有

---

① 约翰·杜威：《民主与教育》，俞吾金、孔慧译，华东师范大学出版社，2019年版，第429页。

主体意义的道德良知。良知是一切实践的基础，在必要时，良知会抗拒不合理的权威规定，也会为促进或建构更好的社会环境而付出努力。

未成年人是学校文化当然的捍卫者和促进者，他们在道德上是不成熟的，然而不成熟在杜威看来恰好是他们的优势。未成年人更有可能像安徒生笔下《皇帝的新装》中的那个小男孩，看穿某些不合理的权威道德的虚假。未成年人渴望真诚交流和对待，他们眼中的世界必然不同于成年人眼中的世界，而两个世界的差异与交错，既是未成年人成长的土壤，也是成年人在未成年人的刺激和推动下进步的契机。奠基于这种道德观的学校文化必然是生机勃勃的，也是民主的。

在这样的学校文化中成长的学生，以及致力于捍卫和推动这种文化的校长、教师和学生，才不会把机械的纪律、浮夸的审美和固化的传统当作学校文化的核心。文化不是仅供参观的静态摆设，而是动态的功能，作动词理解的"化"才是关键。当然，哪怕是在民主社会中，学校文化也不能等同于社会文化。所以杜威强调，"学校环境的责任是尽可能清除现有环境中各种不足取的特性，以免影响孩子的精神气质。学校要确立一个纯净的行动环境"①。

"纯净"一词的意思不是"无菌室"，而是指建立一个更吻合民主理想和符合未成年人心智特征的教育环境。这样的环境不是一成不变的，未成年人在其中的经验生长有可能反过来

<hr>

① 约翰·杜威：《民主与教育》，俞吾金、孔慧译，华东师范大学出版社，2019年版，第26页。

对环境予以积极的促进和改变。学校文化如果是合理的，就必须为文化的再创造预留出足够的空间。作为学校文化设计者的校长和教师群体，根据杜威的思想，就应该基于民主的道德理念，以开放的心态去期待和接纳学校文化的演变与发展。在这个方向上，学校的文化创造具有各种可能性，取决于学校所处的具体社会环境，也取决于在这种文化下受到广泛激发的师生共同拥有的创造性。

第八章

教育的民主 vs.
民主的教育

本章从柏拉图的反民主思想出发，去透视何为杜威意义上的民主理想。本章将指出，尽管杜威与马克思的思想有很大的区别，但他们都是伟大的民主主义者。以民主主义的视野洞悉到的教育本质，非常不同于专制主义理解的教育本质。由于教育隶属于作为整体的社会结构，因此，民主主义的教育观势必蕴涵着确定的社会正义观。本章还以罗尔斯的《正义论》为参照系，描述了杜威的教育观与正义观的内在联系，并指出了杜威正义观的不足。

反民主的
柏拉图

公元前 399 年，苏格拉底死于雅典民主制度。由 500 位雅典公民组成的公民法庭，以民主投票的方式，判定苏格拉底有罪，罪名是苏格拉底引起了"理性"这个新神而败坏了雅典的青年。苏格拉底在公民法庭上申辩自己无罪。柏拉图那时大概 30 岁，他见证了自己的老师申辩无果且慷慨赴死的全过程。

据柏拉图后来在《苏格拉底的申辩》中记载，苏格拉底在公民法庭上的申辩辞激怒了大多数公民，这是他最终被判处死刑的重要原因。按照柏拉图的描述，苏格拉底在公民法庭是这样申辩的："雅典人啊，我虽然尊敬和热爱你们，但我得更听从神而不是你们；并且只要我还一息尚存和还可能的话，我就不会停止热爱智慧……雅典人啊，请你们不要喧哗，而要遵守我曾恳求你们的，即不要打断而要听我要说的那些话。……因为你们要清楚地知道，假如你们杀了我，而我就是我所说的那种人，那么你们对我的伤害并不比对你们自己的伤害更大……雅典人啊，我现在远不需要为了我自己而申辩，如有人会认为的那样，而是为了你们而申辩……"①

苏格拉底毫无疑问预见到了他对雅典公民的激怒，因为他否认的正是对他的指控，否认人的理性苏醒是导致青年败坏的原因。在知道了公民法庭的投票判决后，苏格拉底仍然坚持自己的主张，他声称统治者的淫威虽盛，却不能强迫他去作恶。然后，苏格拉底当着雅典公民，说出了影响人类思想史的名言——未经反省的人生没有价值②。

苏格拉底本人没有留下任何著作，后人所知的苏格拉底的思想大都体现在柏拉图的对话录中。至于柏拉图以苏格拉底之名表达的思想有多少是苏格拉底本人的，又有多少是柏拉图自己的，则是一个历史之谜。无论怎样，苏格拉底深刻地影响了柏拉图，后者也因前者之死而憎恨雅典的民主制度。大约在苏格拉底去世 20 年之后，柏拉图以苏格拉底的名义在《理想国》中解释了为何民主制度是可憎的。柏拉图对雅典民主制进行了彻底的反思和批判，柏拉图认为，在民主政体当中，每个人都有行动和言论的自由，但"极端的自由不可能变成别的什么，只可能变成极端的奴役"③。

在杜威撰写《民主与教育》时，距离柏拉图的时代已有两千多年了，人类历史已在文艺复兴、宗教改革、地理大发现、思想启蒙、科学兴起、工业革命、民权运动等一系列力量的共同推动下进入了现代。在《民主与教育》中，杜威详细论述

① 柏拉图：《苏格拉底的申辩》（希汉对照·柏拉图全集），溥林译，商务印书馆，2021 年版，第 39–41 页。
② 苏格拉底原话的直接翻译是："未经省察的生活对于人来说是不值得过的"。
③ 柏拉图：《理想国》，郭斌和、张竹明译，商务印书馆，1986 年版，第 345 页。

了《理想国》中的教育思想，却没有花篇幅去反驳柏拉图对民主制的尖锐批判。根据柏拉图的思想，教育的目的就是要按照个人禀赋去培养和挑选各类有助于国家长治久安的人才，而只有"哲学王"当政，才不至于让民主死灰复燃。为了论证这种国家主义导向的教育观，柏拉图主张超越流变的现象世界，要以理性揭示永恒的理念世界的秩序和对于现象世界的意义。可是，杜威显然是支持民主的，他为什么不在《民主与教育》中去批判柏拉图的反民主立场呢？

确实，杜威的实践主义哲学本质上是反对柏拉图的理念论的。杜威反对理念与现象的二元划分，他的思想立场贯穿了《民主与教育》全书。有理由认为，在杜威的心中，尽管柏拉图的二元论哲学是站不住脚的，但却没有必要在一本教育哲学的专著中去进行系统的批判。在另一本重要著作中，杜威就批判了包括柏拉图在内的传统哲学家："他们所专心致力的问题就是如何纯粹从认识上（也许通过天启，也许通过直觉，也许通过理性）去证明真、美和善的先在的、常住的实在性。"①

如我们所知，杜威受达尔文以来的生物学革命的启发而创立了他的实践主义哲学，认为所有的真理，无论是认知的、审美的，还是道德的，都源于人应对自然环境和社会环境的实践，根本就没有外于实践的、柏拉图意义上永恒不变的理念世界。确实，近代以来的科学发展，不仅颠覆了人类习以为常的绝对时空观，也突破了包括柏拉图在内的古希腊人视作真理典

---

① 约翰·杜威：《确定性的寻求：关于知行关系的研究》，傅统先译，童世骏校，华东师范大学出版社，2019年版，第38页。

范的欧氏几何和亚里士多德的形式逻辑。有理由认为，正因为柏拉图对民主的反对是奠基于他的理念论的，捍卫民主理想的杜威才没有在《民主与教育》中去正面反驳柏拉图的反民主思想。

更重要的原因也许是，杜威心中所支持的民主，已经迥异于使苏格拉底死于非命的雅典民主了。当杜威出版《民主与教育》时，美国社会已经从半个世纪前的南北战争的阴影中走了出来。尽管黑人的民权仍然没有得到普遍保障，至少奴隶制的彻底废除，使美国《独立宣言》和宪法所承载的民主价值不至于因公然歧视黑人而显得自相矛盾。

美国第四任总统麦迪逊被后人称作"宪法之父"，他在建国之初发表了大量政论文章，讲解什么是恰当的民主。在一篇为报刊撰写的文章中，麦迪逊持有类似于柏拉图的政治立场，他说："直接民主从来就是骚乱和对抗的竞技场，个人安全和产权，从未得到保障，总体来说，直接民主制，都是短命的，而且死得暴烈。"[1]麦迪逊的这篇文章收录在后人编辑的《联邦党人文集》中，是杜威青年时期熟读的内容。杜威赞同麦迪逊的分析，但不认为反对直接民主制的理由就是反对民主理想和民主价值的理由。人类近现代政治史也证明，代议制民主是比直接民主更合理的制度设计，而这远远超越了柏拉图的时代局限。

尽管柏拉图反对民主，但《理想国》对于国家和教育的

---

[1]　亚历山大·汉密尔顿等：《联邦论：美国宪法述评》，尹宣译，译林出版社，2016年版，第61页。

理解却富有启发。柏拉图认为，国家要长治久安，不能靠暴政，无论是个人极权的暴政还是民主的暴政。与暴政对立的是正义，国家的秩序必须建立在正义的基础之上。国家正义不离人的德性，包括节制、勇敢和智慧。在柏拉图看来，不同社会阶层的人有不同的德性。

处于最基层的生产者，他们与物质利益打交道，最容易受到感官的诱惑，因此最重要的德性就是节制。而处于较高阶层的护国者的主要德性是勇敢，处于最高阶层的治国者，他们的主要德性是智慧。这有点类似于人这个有机体，要用智慧的头脑统治全身，要有勇敢灵活的四肢以御敌，还要有懂得节制的肠胃以进食。

国家正义就在于，让不同德性的人在国家中承担不同的角色，不能错位和僭越。与之对应，教育的职能就是要按照天赋培养和选拔人才，以达到在国家的正义结构中人尽其用的目的。柏拉图相信他在《理想国》中对国家正义和教育的论述吻合永恒的善的理念，而与之形成强烈对比的是，民主制"对我们建立理想国家时所宣布的庄严原则是蔑视的……民主制以轻薄浮躁的态度践踏所有这些理想……在这种制度下不加区别地把一切平等给予一切人，不管他们是不是平等者"[①]。

杜威赞同柏拉图的是，国家的运行离不开正义或公正，教育当然也不例外。但在杜威看来，离开了民主价值，国家正义或社会正义是不可能的。显然，杜威强调的民主价值与柏拉图反对的民主是南辕北辙的。在柏拉图那里，要实现理

---

① 柏拉图:《理想国》，郭斌和、张竹明译，商务印书馆，1986年版，第336页。

想国，离不开"哲学王"对民众的家长式管治，毕竟只有"哲学王"的理性才足够发达，才能超越众人居住的现象世界的"洞穴"。必要时，统治者允许的国家意识形态需要散布所谓的"善意的"谎言，还要严格禁止可能腐败国民心灵的思想和艺术。这是典型的政教合一的专制主义国家观。

杜威不认为社会运行只有依靠外在的权威。吻合民主理想的社会特征是自律，就像科学家共同体的民主交流必然排斥科学权威的一言九鼎，同时需对任何"离经叛道"的科学假说持开放态度。在杜威看来，"哲学王"与民众的对立，就像理念世界与现象世界的二元区分，这是虚假的。民主才是构成共同体的最佳方式，因为只有在这样的共同体中，不同经验的自由生长、自由交流和相互激发才是可能的。因此，杜威强调，"民主不只是一种治理形式，它首先是一种联合生存的模式、一种共同沟通经验的模式"[1]。

在论述福禄培尔和黑格尔的教育思想时，杜威指出，"认为成长和进步只是趋近一个不变的终极目标的观念，是心智从对生活的静态理解转向动态理解的过程中的最后症结"[2]。与之对比，柏拉图囿于永恒不变的理念，在他的思想中甚至连"成长"和"进步"的概念都没有，因此，在强调个人成长和社会进步的杜威看来，柏拉图对民主的反对就不值得驳斥。

杜威认为，无论是柏拉图式的有理念支撑的专制制度，还是没有理念支撑的专制暴政，都不能真正激发对于教育的理

---

[1] 约翰·杜威：《民主与教育》，俞吾金、孔慧译，华东师范大学出版社，2019年版，第107页。

[2] 同上，第71页。

解和兴趣。道理在于，专制制度阻碍了经验的自由生长，而没有经验的自由生长就没有真正的教育。杜威认为民主是教育的动因，所以他说："民主共同体比其他各种共同体更有理由发展出对自觉而系统化的教育的兴趣。"①

---

① 约翰·杜威:《民主与教育》，俞吾金、孔慧译，华东师范大学出版社，2019年版，第107页。

　　"民主"概念分别对应民主理想和民主现实，正如"专制"概念分别对应专制理想和专制现实。柏拉图构想的"哲学王"执政的理想国代表一种专制理想，东方儒家以明君或圣人的智慧为老百姓的生活指明方向的专制政治，也是理想主义的。然而，无论专制理想看起来有多大的吸引力，杜威都表示反对。杜威的理由是，专制制度的维系必然要诉诸自上而下的压力带来的恐惧，以及达成专制目标的外在奖励。奖惩的外在化，会大大制约基于经验自然生长的才能发展，这些才能就会"沦为趋乐避苦的行为的奴仆"①。这类似于教育教学中的情况，教师以外在的奖惩推动学生学习，就会压制学习的内在乐趣和经验生长。

　　在杜威看来，一旦专制制度运行起来，社会共同体"成员之间就不存在自由的交往和互动，刺激和回应都是极端偏颇

---

① 约翰·杜威:《民主与教育》，俞吾金、孔慧译，华东师范大学出版社，2019年版，第103页。

的"①。无论专制制度的理想是什么，只要政治、社会和道德生活要依赖自上而下的权力运行，那么，"把一些人教育成主人的影响力量同时会把另一部分人教育成奴隶"②。对杜威而言，唯有民主理想才是值得追求和捍卫的，但现实的民主政治却可能充满权谋与虚伪，与专制制度中的玩弄权术没有本质区别。对此，杜威才在《民主与教育》中系统陈述了民主与教育的关系——唯有奠基于民主原则的教育，才可能培养出欣赏民主经验并愿意捍卫民主理想的下一代公民。能欣赏民主经验的人，首先能够理解自身的经验生长，以及与他人的经验生长的合理交互关系。显然，这样的体验和能力不可能在类似于专制模式的、灌输式的教育体制下得到培养。

专制制度和灌输教育的共同点是阻止自由交流，害怕生活之流的不确定性。由于专制社会阻塞言路，使不同的群体彼此隔离，"这种割裂导致生活变得刻板，生活在形式上被制度化，而所有这一切只是为了追求群体内部那些静止的、利己的理想"③。专制社会是一种静态社会，如果民主只意味着按照选民的刚性利益而投票，这样的社会只是披着民主外衣的专制，不过是由少数人的专制变成了多数人的专制。对多数人专制的警惕，使杜威十分赞赏柏拉图对雅典民主制的缺陷的分析。但杜威却在他漫长的一生中，始终坚持民主理想，认为真正的民主和真正的教育都是"一个对经验不断重组或重构的过

---

① 约翰·杜威:《民主与教育》，俞吾金、孔慧译，华东师范大学出版社，2019年版，第103页。
② 同上，第103—104页。
③ 同上，第105页。

程。……这种重构或重组增进了经验的意义，改进了指导后续经验过程的能力"[①]。经验的重构既是个人的，也是社会的，因此吻合民主原则的教育"不光代表儿童和青少年的发展，也代表了将由他们构成的未来社会的发展"[②]。

1944 年，第二次世界大战期间，已经 85 岁的杜威发表了一篇名为"民主信仰与教育"的文章，重申了他对于民主与教育的共同底层逻辑的理解。在这篇文章中，面对纳粹的极权主义，杜威坦率地承认，"民主不是一条容易采取和遵循的道路。相反，就其在现代世界复杂情况中的实现上来说，它是一条极艰难的道路"[③]。就杜威而言，当我们看清了教育和民主的真相，就需要在纷乱的世界中捍卫它们，更需要在相关实践范围内主动推动和实施变革。

在另一篇论述民主与教育的文章中，杜威引用了被誉为"美国公共教育之父"的贺拉斯·曼的一句名言——"教育是我们唯一的政治安全，在这艘船以外只有洪水"[④]。贺拉斯·曼的这句话当然也可赋予专制主义或极权主义的解释，用以强调自上而下的意识形态，但这就违背了杜威所珍视的与民主理想共生共荣的自由理想。

1937 年，也就是第二次世界大战前夕，杜威发表了名为"自由"的文章。在这篇文章中，杜威强调，"把自由仅仅等同

[①] 约翰·杜威：《民主与教育》，俞吾金、孔慧译，华东师范大学出版社，2019年版，第 94 页。
[②] 同上，第 97 页。
[③] 约翰·杜威：《人的问题》，傅统先、邱椿译，江苏教育出版社，2006 年版，第 12 页。
[④] 同上，第 25 页。

于政治自由，最终甚至连政治自由都会失去"[1]。杜威想要表达的是，不能把自由仅仅理解为免于干涉的放任，自由也不等同于仅仅按照选民的利益和好恶而进行投票。杜威指出，"这种自由观念越有影响，对大多数个人实际自由的侵犯就越为迅速"[2]。相比这种狭隘的政治自由观，杜威更看重的是"机会的自由"，即每个人都有扩大生活视野和提升生活质量的机会。

杜威认为，有三种情况会危害机会的自由。第一，"如果普遍的自由要成为现实，就必须找到方法，使大多数个人比现在更好地参与工业过程的导向"[3]。杜威的观点有点类似于马克思，认为如果生产资源任凭自由竞争越来越集中在少数人手中，绝大多数人哪怕从事具体的生产，也不可能像主人那样参与生产过程。这涉及公平分配和机会公平的问题，属于社会正义范畴的话题，将在下一节探讨。

杜威认为对自由的另一个威胁是狭隘的民族主义，它"推到了完全否认个人自由的极端，在独裁者统治的欧洲极权国家中就有这种极端形式"[4]。对自由的第三个危险是与民族主义紧密相关的战争，那时，战争阴云在全世界上空飘浮，杜威深感不安。杜威认为，"由于严重的民族主义，现在每一个国家都生活在战争施加的重负之下，也生活在未来战争威胁的笼罩之下。……战争是对整个人类施加的一种大规模的道德奴

---

① 约翰·杜威：《杜威全集·晚期著作（第十一卷）》，朱志方等译，华东师范大学出版社，2015年版，第193页。
② 同上，第194页。
③ 同上，第195页。
④ 同上，第195–196页。

役"①。当然，杜威并不是绥靖主义者，在太平洋战争爆发后，作为中国人民的老朋友，杜威坚决站在中国反抗日本军国主义侵略的正义立场上，并利用他的影响力为鼓舞中国人民的士气作了相应的贡献②。无论对自由的这三种威胁的强度和紧迫程度有何差异，杜威都坚持，"没有教育，自由和平等机会的理想就只是空洞的幻想，而自由发展最可靠、最有效的保障就是教育"③。

在"自由"这篇文章的最后，杜威写下了这么一段热情洋溢的文字："归根到底，自由是重要的，因为它是个人潜能得以实现的条件，也是社会进步的条件。没有光，人将毁灭。没有自由，光亮就会变得暗淡，黑暗开始笼罩。没有自由，古老的真理就变得陈腐破旧，从而不再是真理，仅仅是外在权威颁布的命令。没有自由，新真理的寻求，人性可以更安全正当行走的新路径的开辟就到了尽头。自由是对个人的解放，是社会朝着更符合人性的、更高贵的方向前进的最终保障。束缚他人自由，特别是求知和交流自由的人所创造的条件，最终将危及他自己和他的后代的自由。永远的警觉是为了维护和扩大自由付出的代价，学校应该是这种警觉永不停歇的看护人和创造者。"④

杜威对自由的这种理解，很像马克思在《共产党宣言》中

---

① 约翰·杜威：《杜威全集·晚期著作（第十一卷）》，朱志方等译，华东师范大学出版社，2015年版，第196页。
② 参见本书的附录第一篇文章《杜威小传》。
③ 同①。
④ 同①，第197页。

所说的"每个人的自由发展是一切人的自由发展的条件"。尽管杜威对社会发展的理解非常不同于马克思，但不妨碍我们在把马克思视为伟大的民主主义者的同时，也视杜威为人类自由和民主的坚定捍卫者。以民主理想去奠基教育，才能使教育的价值得到确认和凸显。民主理想尊重人与人之间的差异性，因此才有平等待人的原则。每个人的经验生长和生命历程都不一样，据此形成的世界观也必然会有不同，这是社会多样性的根源。专制主义趋向于否认多样性，或者要按自己的愿望将多样性控制在一定的范围之内，"计划""控制""管理"是常用的词汇。民主理想在经济上更易承认市场的自发力量，在教育上则趋向于认为，只要所产生的经验类型是不违背民主的交流和分享精神的，则经验的多元生长就应该受到尊重。

民主原则在教育上的具体体现是，尊重人的差异性，容纳成长的不同路径或节奏，看重经验的内生性，激发人的自主性和自我选择。因此，有理由认为，吻合民主原则的教育所支持的人格，更可能有意愿就差异性和冲突进行真诚的交流。与之对比，只知遵从权威之是非标准的专制主义的教育，更有可能培养出重统一形式甚于多元内容的平庸人格。吻合民主原则的教育真诚欣赏差异性，在这种欣赏中成长的孩子不仅更有可能成为和而不同的君子，而且想象力和创造性更易受到保护和得到激发。

创新能力的保护和提升，离不开面对事情本身的诚实。创新体现在具体的知识学习和发明创造上，也体现在对成长经验和人生的探索上，还体现在以吻合民主原则的方式对社会生活所作贡献上。因此，吻合民主原则的教育，会在个人和社会两个维度上使经验更有宽度和深度，也使未成年人更有可能养成反思自己经验的习惯，从而真正领悟苏格拉底的"未经反省的人生没有价值"的智慧启发。

简言之，吻合民主原则的教育更易让人看到生活的真相。生活永远处于流变之中，没有任何外在权威可以代替个人和集体的努力去解决生活的问题。生活中充满了真实的困难、冲突或无奈。只有在经验的不同可能性中认真尝试各种解决方案后，当事人才学得会尊重和鉴赏生活，并懂得如何与前一阶段的生活进行和解而为下一阶段的生命旅程打下基础。

教育与社会正义

　　杜威于 1952 年去世，他去世前一年，美国青年学者约翰·罗尔斯发表了一篇名为"伦理决策程序概要"的学术论文。没有证据表明，即将离开人世的杜威读到过时年 30 岁的罗尔斯撰写的这篇论文。那个年代可能很少有人会想到，罗尔斯此后经过长达 20 年的不懈思考与研究，终于在 1971 年出版了享誉世界的《正义论》。

　　罗尔斯是继杜威之后，在世界范围内有巨大影响力的美国哲学家。这两位哲学家的理论路径虽有很大的差异，但罗尔斯对杜威非常尊重。20 世纪 80 年代，在杜威去世约 30 年后，罗尔斯受邀在杜威终身任教的哥伦比亚大学发表了被冠以"杜威讲座"的系列演讲。在这个系列演讲中，罗尔斯简要概述了杜威的思想贡献以及他本人的思想与杜威思想的亲缘关系，这是学术思想的丰富多样和薪火相传的一个实例。

　　杜威终其一生都富有社会正义感。他批判美国的社会现实且忧虑人类的未来，他努力推动教育改革，也潜心学术研究，这些活动体现了杜威关心人类和人性的道德良知。杜威信奉的民主理想本身就是一种正义理想，但"民主的正义"从根本上异于柏拉图式的"专制的正义"。杜威倡导的教育改革在如下几个方面吻合民主的正义：其一，每个人都应有公平的受教育机会，而且每个人的经验生长方式都有值得尊重的独特性；其二，每个人都应在吸收共同体的有效经验的过程中获得成长，并可依据自己的特殊经验为共同体作贡献；其三，民主共同体的交流原则为教育确立了边界，教育过程就其本质而言不离交流和共同成长，而不能仅仅是单向度的"教导""训练""管理""要求"。

杜威是一位高产的作者，他的哲学研究涉及教育、心理、社会、法律、政治、知识论、逻辑学等诸多领域。杜威寄希望以民主的教育改革去促进民主社会的发展，这是将教育当作了自变量，而将社会发展当作了因变量。然而，换个视野来看，教育本身又是社会的一个环节，有什么样的社会才有什么样的教育。以这个视野来看，如果一个社会极大地偏离了民主的正义，就不可能实施民主的教育。在这种情况下，以民主的正义为方向去改革比教育制度更大的社会结构就具有优先性。

当然，在真实的社会中，不同变量往往是互为因果的。即使一个社会偏离了民主的正义，也可以从教育、法律、经济、政治、文化等各个维度入手去进行改革。关键的改革往往需要有明确的指导原则，要以相应的愿景去争取赢得共同体成员的普遍共识。不仅如此，还要能够证明，这样的改革愿景是可行的，不会"用通向天堂的美好愿望来铺设一个国家通往地狱之路"[①]。在杜威之后，沿着这个方向进行深入思考而取得非

---

① 这是哈耶克在《通往奴役之路》中所引用的荷尔德林的诗句。

凡思想成就的就是罗尔斯。

与杜威一样，罗尔斯的《正义论》也捍卫民主理想，但特别强调，民主理想的实现离不开清晰的社会正义原则。《正义论》指出，一个社会要实现民主理想，必须满足两个正义原则。第一原则：每个人对于可由实践理性确证的基本自由都有类似的权利。第二原则：社会经济的不平等应该在具有实质意义的机会公平原则的约束下最大程度地提升最不利者的合理预期。这两个原则的表述相当抽象，而作为20世纪政治哲学扛鼎之作的《正义论》正是围绕对这两个原则的解释和证明，以及它们对于社会民主、经济秩序、法治精神、道德教育、伦理生活、社会心理的丰富意义而不断展开的。[①]

约束在与我们的主题相关的范围内，可以说，《正义论》继承了杜威的民主理想，但却对民主理想的内涵和现实意义予以了更丰富的挖掘和阐释。举例来讲，《正义论》提炼的第一原则也可称作"自由原则"，强调民主社会的每个公民都应享有一系列平等的自由权利，包括财产权、言论权、迁徙权、结社权、基于法治精神的其他公民权，等等。这些自由权利是彼此对等的，不因性别、肤色、阶层而有所不同。如果一个社会不是按自由原则而被组织起来的，法治精神就不可能昌明，民主的教育就不可能实现。

1960年，美国女作家哈珀·李发表了后来获得普利策奖的长篇小说《杀死一只知更鸟》。那个时候，距离美国内战差

---

① 《正义论》对一般的读者来说较为晦涩难懂，有兴趣的读者可参见刘莘：《〈正义论〉导读》，四川人民出版社，2019年版。

不多已经过去一个世纪了，但美国社会对黑人的歧视仍然很严重，特别是在南部地区。《杀死一只知更鸟》的故事背景就是南部的一个小镇，而且是更早的 20 世纪 30 年代，可想而知那时白人对黑人的歧视是多么猖獗。白人对黑人的刻板印象是懒惰、头脑简单、四肢发达，距人的高贵性较远而离动物的本能则较近。

《杀死一只知更鸟》的故事是以小女孩"我"的视野而展开的，讲述了"我"的父亲，一个白人律师，居然会去帮助一个黑人。这个黑人被控强奸了一个白人女人，而且看起来证据确凿。故事是从"我"的经验生长的视野去展开的，"我"根本不明白什么是"强奸"。但"我"像其他白人孩子一样，知道"我们"白人与黑人之间有一道无形的界限，使"我们"的世界与他们的世界根本不同。"我"在朦朦胧胧中观察着周围世界的变化。

由于父亲接下了替一个黑人辩护的案子，"我"的家庭氛围变得奇怪，邻里关系变得紧张，甚至还有人成群结队以武器对"我"的家进行威胁。"我"在这个过程中成长，以一个孩子的视野体会观察到了各种冲突，有白人与黑人之间的，有大人与大人之间的，也有大人与孩子之间的。《杀死一只知更鸟》是一部杰出的成长类教育小说，揭示了杜威批判的经验之间的人为阻隔所导致的反民主现实。

《杀死一只知更鸟》以"我"的经历和观察揭示了父亲为何要为一个黑人辩护，以"我"和同龄人能够理解的方式讲述了自由、民主和法治要在真实生活中生根会面临多大的阻力。《杀死一只知更鸟》以精彩的文学手法说明了这样一个事实——如果《正义论》提炼的自由原则得不到普遍尊重和认可，社会就不可能作为一个容纳多样性的共同体而存在，各种经验类型就会相互阻隔而远离杜威、罗尔斯和马克思都共同认可的民主主义理想。

不过，就算是一个社会的组织方式是吻合自由原则的，马克思也不会认为就能自然通达民主主义的理想。这是因为，在马克思看来，建立在生产资料私人所有制上的资本主义经济形态，从本质上讲克服不了剥削、贫富分化和人的异化。诺贝尔文学奖获得者斯坦贝克于 1939 年发表了一部长篇小说《愤怒的葡萄》，以了不起的文学形式讲述了资本主义经济形态之恶，指出了仅仅拥有《正义论》第一原则所表述的那些自由权利，也无法阻止恶的漫延。没有理由表明，对社会主义持同情态度的杜威是赞成生产资料公有制的，但罗尔斯的《正义论》却通过第二原则而证明：资本主义的生产方式可能是不正义的，社会主义的生产方式可能是正义的，但反之亦然，完全要看社会的经济结构是否运行在第二原则规定的"差别曲线"的合理区间内[①]。

虽然杜威也认为民主理想的实现离不开消减贫富差距，但他并没有像马克思和罗尔斯那样去专门透视和批判人类的经济结构。[②] 也许，杜威寄希望于在一个充分交流的民主社会里，人们可就经济结构的合理性进行理性商谈并在相应的探索中予

---

① 这是《正义论》中涉及规范经济学的话题，对普通读者有一定的难度，这里不去展开，有兴趣的读者可以参见《〈正义论〉导读》里相关章节的解释。
② 杜威晚年的著作《伦理学》中探讨了"经济生活的伦理问题"，但对经济制度的探讨没有达到马克思和罗尔斯的深度。

以试错改革，这吻合杜威对于经验开放性和科学方法的强调，这也表露出杜威对于人类直面自身问题和予以解决的信心。无论杜威、马克思和罗尔斯这三位民主主义者的思想有怎样的区别，他们都是人类自由和民主精神的捍卫者。

杜威之后的罗尔斯在《正义论》中证明，未成年人只有在吻合两个正义原则的民主社会中接受教育，他们的道德层次才可能从权威道德经群体道德而普遍提升至道德的自律层次，为我们在前面探讨过的道德教育赋予了新的内涵。无论在学校的未成年人有怎样的个体差异，他们都是未来的公民，因此都必须在经验的自然生长中体会什么是吻合民主理想的更高的道德标准。例如，在小学阶段阅读并探讨《爱的教育》《呼兰河传》这样的名著，在中学阶段阅读并探讨《杀死一只知更鸟》《愤怒的葡萄》《约翰·克利斯朵夫》这样的名著，都非常有助于塑造学生的道德人格。

道德人格的形成，离不开相应的正义感，而正义感的形成，又离不开在成长中借社会事例和阅读材料而丰富对于社会正义原则的理解。未成年人显然不可能去阅读类似于《正义论》这样的理论巨著。但作为成年人的教师却有必要通过广泛和深度阅读突破相对狭窄的学科教学的视野，并有意识地思考教育与民主和社会正义的关系。只有这样，教师才可能摆脱对于教育的非民主理解，摆脱以"教"和"管理"为中心的专制式教育模式。在此基础上，教师可以通过教育交流、课堂教学、阅读分享等活动去启发学生对于社会正义的追求，并建构积极合理的社会批判视野。如若不然，教师就可能在日常教育教学中以违背正义原则或民主精神的方式去实施所谓的"教育"，并把学生的经验生长封闭在缺乏教育意义或有违教育本质的环境中。

第九章

总结、批判与展望

这一章对杜威的教育哲学作了简要的总结。首先，借助杜威的一部晚期重要著作，回顾了杜威教育思想的基础立论及其积极意义。其次，借助人工智能时代的教育问题，去反观杜威教育哲学中有怎样的前瞻性内容和可能的不足。最后，本章借助康德、哈钦森、梁漱溟等人的思想片段，去透视杜威教育哲学视野的可能盲点，并揭示了杜威的实践主义立场与其反对者立场的根本差异究竟意味着什么。这些内容有助于我们开启新的视野，并在思想的张力中进一步探索人和人的教育问题。

杜威的思想遗产

　　杜威终其一生都在反思教育和推动教育改革。我们知道，《民主与教育》出版于 1916 年，杜威那时是 57 岁，正值壮年。22 年之后的 1938 年，杜威已经接近 80 岁了，还出版了《经验与教育》，这是他系统表达自己教育思想的最后一部重要著作。

　　《经验与教育》的出版背景是，美国中小学教育在杜威及其他教育家的带领下，已经突破了传统教育的桎梏，打开了教育的新天地。人们有时将与传统教育对立的教育称作"进步主义教育"或"新教育"。这种对立体现在，进步主义教育"反对从上面的灌输，主张表现个性和培养个体；反对外部纪律，主张自由活动；反对向教科书和教师学习，主张从经验中学习；……反对固定目的和教材，主张熟悉变化着的世界"[1]。简言之，进步主义教育强调科学进步和新时代的开放特征，立足当下而又面向未来。

　　与之对比，传统教育则固守保守的教育价值观，仍然使

---

[1]　约翰·杜威：《我们怎样思维·经验与教育》，姜文闵译，人民教育出版社，2005 年版，第 245 页。

用单向灌输的教学内容和方法，强调知识的系统性而非经验的生长性，看重教师的指导作用而非学生的自我探索。但是，进步主义在提倡教育创新，主张"新教育"的同时，有时会陷入与传统教育的二元对立。因此之故，进步主义教育会面临两方面的问题：其一，由于与传统教育的对立而无视传统教育的合理因素，导致无法在继承传统教育的优点的前提下去进行教育的创新实践；其二，进步主义教育在改革探索的过程中面临着新的问题，既没有办法通过诉诸传统教育而得到解决，又不可能对这些问题视而不见，因此需要新的指导。

《经验与教育》就是在这个背景下应运而生的。对比阅读《民主与教育》和《经验与教育》，可以发现，这两部著作的思想是一以贯之的，只是前者更丰富深刻，而后者则以更加简洁的方式总结了杜威对于教育本质的理解，且更有面向当下问题的针对性。从《经验与教育》的标题可以看出，如果要为杜威的教育思想提炼一个关键词的话，则非"经验"莫属。但杜威自己并不愿意被贴上"进步主义"教育家的标签，仿佛站定了立场就是拥有了真理。因此，问题的关键并非传统教育不注重经验或完全不能提供有价值的教学经验，而是该如何理解经验。极端的进步主义者以为儿童的所有经验天然具有合法性，而在杜威看来，这就大错特错了。极端进步主义者的错误在于，以为强调权威对于经验的规范就一定与民主理想相冲突，而杜威则强调，对外在权威的抛弃无非是为了"寻找一个更有效的权威源泉"[1]。

---

① 约翰·杜威：《我们怎样思维·经验与教育》，姜文闵译，人民教育出版社，2005年版，第246页。

那么，什么是比外在权威更有效的权威呢？为了回答这个问题，必须深入理解经验究竟是什么。杜威明确表示，"不能把经验和教育直接地彼此等同起来"[①]。不能说经验的任何生长都是有教育意义的，也不能说有教育意义的经验生长对于所有人都是一样的。杜威强调，教育虽不等同于经验，但却必须以经验为基础，因此根本的教育问题是"从各种现时经验中选择那种在后来的经验中能够丰满而具有创造性的生活的经验"[②]。

那么，谁是选择者呢？在杜威看来，教师的关键作用就是帮助受教育者选择并理解选择所蕴涵的经验意义。因此，更有效的权威既不是教师，也不是学生，而是使有效经验得以被选择的、存在于教学关系中的经验发生的必然性。换言之，权威既不是外于受教育者经验的他人，也不是受教育者经验的任意性。意识到这一点，才能理解杜威的观点——教育要以经验为本。杜威甚至说，"教育是在经验中、源于经验和为着经验的一种发展过程，愈是明确地和真诚地坚持这种主张，对于教育是什么应有一些清楚的概念就愈加显得重要"[③]。

教育在经验中。传统教育太像工业生产线那样把知识"输送"给学生了，因此对受教育者的经验予以了对象化的、板结化的处理。经验就像储物箱，为了装下固定的知识，就需要被塑造成确定而彼此类似的形状。以这种方式对待经验的教

---

① 约翰·杜威:《我们怎样思维·经验与教育》，姜文闵译，人民教育出版社，2005年版，第248页。
② 同上，第250页。
③ 同上。

育必然处于受教育者的经验之外，而在杜威看来，一切依据外在的权威、外在的知识、外在的概念和口号而实施的所谓教育，都是伪教育。

教育在经验中，但在经验中未必发生教育，因此杜威还强调教育要"源于经验"。杜威的意思是，每个人的成长经验都是不一样的，"源于经验"就是要因材施教，因于不同个体在不同阶段或不同事情上的具体经验的生长特性而施教。至于"为着经验"也可以理解成为了人的成长，只不过对杜威而言，并没有先天的成长框架去约束经验的成长，而只有在经验生长的有效过程中，才会产生出约束无效经验的力量。

在《经验与教育》中，杜威总结了经验生长的两个基本原则。一是经验的连续性原则，是指"每种经验既从过去经验中采纳了某些东西，同时又以某种方式改变未来经验的性质"[1]。在杜威看来，只有在具有连续性的经验中，才有所谓的成长。

二是经验的交互性原则。杜威强调，交互性原则"赋予经验的客观条件和内部条件这两种因素以同样的权利"[2]。以交互性原则的视野来看，传统教育的主要弊端不在于对控制经验的外部条件的强调，毕竟，如果缺乏教师、教材、教学这样的外部条件，未成年人的经验就得不到规范。传统教育最大的问题在于漠视未成年人的基于个体性的经验生长，意识不到经验的内部条件是至关重要的。

---

① 约翰·杜威:《我们怎样思维·经验与教育》，姜文闵译，人民教育出版社，2005年版，第256页。
② 同上，第261页。

连续性与交互性虽然是两个原则，但它们却是彼此分不开的，因为"只有当相继出现的经验彼此结合在一起的时候，才能存在充分完整的人格"[①]。杜威的意思是，人只有在经验的连续性中才能形成人格的同一性，如若只有碎片化的经验，就不可能有统一的自我。当然，经验的连续性不是指自然数在数轴上的那种单一的延续性，毕竟经验之中包含着不同经验之间的冲突、矛盾和否定关系，因此经验连续性的内涵在人的成长中是不断丰富的，而不仅仅是平面的延展。

经验的交互性则使得受教育者在经验的内在生长过程中遭遇他者的经验生长，两者的结合才可能使受教育者不断超越自己的狭小经验而使人格从片面性向着完整性而提升。因此，连续性与交互性的积极生动的结合，"是衡量经验的教育意义和教育价值的标准"[②]。在连续性和交互性上具有较高品质的经验，一定是渴望更大的连续性和更开阔的交互性的经验，这样的经验拥有者才具有源源不断的学习和成长的愿望，而这才是成功教育的标准。如果一种教育压制了学习或成长的愿望，这就以教育之名犯下了反教育之罪。

对于传统学校的问题，杜威作了如下生动的总结："在典型的传统学校的教室里，存在着课桌的固定行列和对学生的军事式的管理，学生只准在确定的信号下进行活动，通过这些固定的安排，其限制都表现在外部行动上，传统学校的局限性也

---

① 约翰·杜威：《我们怎样思维·经验与教育》，姜文闵译，人民教育出版社，2005年版，第262页。
② 同上。

表现在对理智和道德的自由施加大量的限制。必须把如同囚犯的囚衣和拘禁囚徒的镣铐之类的措施全部废除掉，才能使个人在知识上有自由生长的机会，而没有这种自由，就没有真正的和持续的正常发展。"①

杜威提到的自由，就是经验吻合连续性原则和交互性原则的生长自由，包括探索的自由、犯错的自由、调皮的自由，甚至包括通过突破旧规则而建立新规则而愿意接受旧规则的惩罚的自由。在杜威看来，传统学校不允许有丰富多彩的经验生长的自由，就像儿童文学名著《记忆传授人》描述的社会因某种乌托邦理念而不允许有记忆的自由，证明它们不过是民主理想的敌人。

反民主的教育制度害怕经验的多样性、流动性和生长性，因此只好以各种理由去实施强迫，然而，"由强迫而造成的宁静和顺从，可使学生掩盖他们的真正的性质，这种宁静和服从将会形成虚假的一致性"②。一言以蔽之，缺失民主理想和实践，是杜威认定的形式主义猖獗的根本原因。这有点类似于计划经济，要通过政府权力去垄断信息和主宰市场行为，目的是想要消除伴随市场经济而生的无序和混乱，殊不知，经济生活的全部活力也会随无序和混乱的消失而死去。

社会是一个生命体，无论是从经济、教育，还是其他交互维度来看，一旦失去活力就失去了一切。所以杜威才会说，"传统学校把宁静标榜为一种首要的美德，这个事实表明了传

---

① 约翰·杜威：《我们怎样思维·经验与教育》，姜文闵译，人民教育出版社，2005年版，第275页。译文有改动。
② 同上。

统学校的非社会的性质"①。在《经验与教育》的最后，杜威总结到，"根本的问题并不在于新教育和旧教育的对比，也不在于进步教育和传统教育的对立，而在于究竟什么东西才有资格配得上'教育'这一名称"②。有理由认为，从永不停歇的经验之流的连续性和交互性入手而洞悉教育的本质，是杜威留给人类的永不过时的思想遗产。

---

① 约翰·杜威:《我们怎样思维·经验与教育》，姜文闵译，人民教育出版社，2005 年版，第 276 页。
② 同上，第 298 页。

人工智能时代的挑战

人工智能超出了杜威的时代。身处人工智能时代的我们恰好可以追问：杜威的思想在人工智能时代对于教育有怎样的启发，又会遭遇怎样的挑战？

杜威对传统教育那种强调死记硬背或注重形式规训的批判，在我们的时代变成了一种智能现实。ChatGPT 这类人工智能工具的出现，意味着每个人都可以拥有承载几乎所有人类知识的外挂大脑。随着算法的优化、算力的提升和数据量的增强，我们可以想象，很快会出现打通多种媒介的个人专用电子教师。姑且不谈科幻小说想象的人的生物智能与机器智能的有机结合，电子教师的发展和成熟对教育行业的颠覆性影响是肯定的。

电子教师在与学习者互动时，能够深入把握学习者在不同领域的知识水准和理解能力。电子教师能探明学习者在不同领域的"最近发展区"，从而提供有效的知识引领和学习服务，包括提问、出题、评价、解惑、建议等。电子教师可以根据学习者的智力特点或理解水平，自动选择调用怎样的知识媒介。文字、符号、图片、视频、音频、游戏、虚拟现实，以及它们之间的适时组合或相互生成，是电子教师帮助学生习得知识和提升理解力的通行手段。

电子教师还可以为学习者进行智力画像，在多元智能[①]的谱系中分析学生的智力结构，判断某一方面的智力发展在人群中或同龄人中处于怎样的水平。电子教师可以根据学习者的情况帮助制订学习计划，也可让学习者自己制订而予以追踪和评估。电子教师可根据学习者的知识结构和兴趣而提出综合的学习建议，还可创建各种寓教于乐的个性化学习方案。总之，电子教师比学习者自己更了解在不同领域的潜在成就，可以为学习者的成长和职业规划提出比任何人都精准的建议。电子教师无所不在，每个人只需一个专用账号，就可用任何终端唤醒云端的电子教师。电子教师的无处不在，也意味着学习无处不在。

假如杜威穿越到电子教师的时代，他会怎么理解新型教育呢？在《民主与教育》中，杜威曾说，假如没有学校这种正规教育，"一个复杂社会的所有资源和成就就不可能被传递下去"[②]。可是，当人工智能技术使电子教师变得成熟后，知识传递的形态彻底改变了，电子教师能使个性化学习完全实现。天赋、兴趣、努力等个体差异冲突于传统的班级和年级概念，既然如此，将未成年人放置在被称作"学校"的专门教育机构中，意义又何在呢？

---

① "多元智能"是由美国心理学家加德纳（H. Gardner）提出的概念，用以强调人类智能的多样性。
② 约翰·杜威：《民主与教育》，俞吾金、孔慧译，华东师范大学出版社，2019年版，第10页。

从杜威的思考角度来看，要回答这个问题，离不开经验生长的内在视野。在电子教师能够充分支撑学习者内在经验生长的领域，即使有学校存在，也没有必要开设相应的课程并派教师去讲课。也许数学、逻辑、自然科学和社会科学的理论知识的学习，可以完全托付给电子教师。这些知识具有客观确定性，电子教师只需激发学习者经验生长所需的主观不确定性，使学习者在困惑、冲突、矛盾中变得豁然开朗并能举一反三就够了。

经验有不同的类型。也许，特别需要人与人打交道的知识和经验生长是没有办法委托给电子教师的。也许，人文思想、道德领悟、公民活动、审美创造、人格养成等相关的实践领域离不开人际互动，然而，这并非杜威心中的正规学校存在的理由。很有可能，在电子教师完全能够胜任具有确定性的知识的传递功能时，正规学校将会消失，一个"去学校化"的社会将会诞生。

随着学校的消失，各种各样的俱乐部很可能会出现，未成年人在家长的要求和电子教师的建议下进入不同的俱乐部学习实践知识，就像过去的孩子会选择进入不同的体育俱乐部。但这种猜测也许建立在一个虚假的前提上，那就是，虚拟世界与现实世界是截然二分的。事实上，随着人工智能技术的不断发展，虚拟世界与现实世界的边界会不断模糊。人对机器智能、各种终端和媒介的依赖将达到这样一个程度，以至于人离开这些设备就会丧失人格同一性。这种威胁会远远超过今天的人离开智能手机所造成的不适。

可以预见，当电子教师完全成为现实之后，未来人类的交往媒介也会发生变化。人们或将越来越不习惯面对面的交流，而更习惯隐藏在各种终端或虚拟角色后面交流，这是一种全新的经验，超出了杜威所设想的经验范畴。如果真是这样，实践俱乐部未必会代替学校而四处兴起，而很可能只是少数人的选择，就像今天随着智能推送的短视频的流行，只有少数人还喜欢阅读传统的文字书。到了那个时候，人类的经验类型和交往方式都会发生极大的变化。姑且不论是否会诞生一个"娱乐至死"[①]的世界，这个新世界也可以吻合杜威强调的经验的连续性原则和交互性原则，只不过人的经验已经与机器算法和数据深度裹挟在一起了。那个时候，是不是所有教育问题都能得到解决，然后人类就从此进入了教育的"美丽新世界"呢？

从积极的方面看，学习的许多痛点问题都将得到解决。学习彻底个体化，人才评价和选择也彻底智能化。既然如此，以学校文凭进行教育信用背书的现象将消失，市场经济下的各种组织在选拔人才时只看应聘者是否有适合该组织的能力和知识储备，而调用人工智能的人才鉴别系统是抛弃文凭的最好办法。到那时，市场主体很可能将用脚投票而消灭各类传统学校，包括人类曾引以为傲的大学。大学精神也许仍将存在，但却存在于由人工智能与人类智能共同建立起来的新型人机文明中。当然，那时的大学精神肯定相当不同于机器智能兴起之前的大学精神，就像人机文明也肯定不同于前人工智能时代的人

[①] 《娱乐至死》是传媒思想家尼尔·波兹曼（Neil Postman, 1931—2003）的名著，认为不同的媒介有不同的隐喻，而视频媒介的隐喻就是娱乐。

类文明。无论人类精神和人类文明将向何处演化，只要不违背杜威强调的经验的连续性原则和交互性原则，就没有理由反对这种演化。尊重事实是科学的态度，尊重这种演化直至机器越来越像人而人反而越来越不像人，似乎并不违背杜威以科学思维和成就为标志的经验进步观。

不妨追问一下，在人工智能改天换地的时代，人类的命运究竟会如何？科幻小说中经常有一些危言耸听的预言，声称人工智能会诞生人完全无法理解的超级自我意识。按照这类预言，具有自我意识的人工智能将轻易控制人类，把人类当作它实现某种智能目的的手段，而人的智能怎么都不可能提升到理解那种目的的层次。按照这种科幻剧情，人成为人工智能的奴隶只是迟早的事，《弗兰肯斯坦》暗含的人造物摆脱人并主宰人的隐喻终将变为现实。撇开科幻不谈，人工智能是否会诞生意识甚至自我意识也是充满科学争议的话题。哪怕人工智能一直是没有意识的工具，人也会让渡越来越多的自主权给人工智能，就像今天的人们将找路的权力让渡给导航，将投资决策的权力让渡给专业软件。

杜威一直强调培养反思思维的重要性，因为只有通过对经验的反思，才能够使经验分层，才可能在有效经验与无效经验之间作出区分。所谓有效经验就是能够解决问题的经验，而人工智能就是为解决人类的问题才得到发展的。可是，相信人工智能能够一劳永逸地解决人的所有问题，就如同相信科学是万能的一样，不过是披着科学外衣的迷信。也许，人工智能使人类再也无法摆脱对它的依赖，人性将因自主性的无意识丧失而变成另一个样子。到那时，就像《美丽新世界》这部反乌托邦小说描述的那样，仅凭便利、舒适、快乐或幸福体验，是没有办法洞悉人的悲哀处境的。

如果杜威仅凭经验的连续性原则和交互性原则无法回答上述问题，那么，凭借民主理想可以找到答案吗？回顾一下，杜威主张的民主理想也是奠基于经验的生长原则的。相比专制制度，民主制度下的经验更加丰富多元，使后续经验的生长更有可能。以人工智能加持民主理想，最多意味着经验类型变得更加丰富，经验生长更加出乎前人工智能时代的预料，却不足以形成关于经验事实是否应当的价值判断。人工智能当然也可以输出它的价值判断，但在非科幻的现实视域中，由于人工智能没有自己的意志或好恶，这种判断要么代表了创造人工智能的工程师的道德判断，要么是在暗中诉诸人类已有的道德思维并作相应的逻辑推演。

然而，民主的公民精神意味着，必须在关键时刻诉诸自己的道德判断和正义感，而不能诉诸其他力量，无论是人类的权威还是人工智能的权威。因此，杜威的民主理想并不能帮助我们判断人工智能的使用什么情况下是过度的，什么情况下是不好的。杜威也许会说，凡是不利于人的自主性的经验生长都是不好的，无论这样的经验是否裹挟了人工智能。然而，这无异于说，人的自主性是一个相对独立于经验生长的概念，甚至人的经验也只有在承认自主性这个概念的前提下才得以可能。如果真是这样，就必须换一个不同于杜威的实践主义的思考维度，才可能首先在思想上理解和应对人工智能对于人类和人类教育的挑战。

批判与超越

　　杜威在《民主与教育》中谈到了不少哲学家和教育家，包括深受卢梭影响的康德。但杜威对康德的描述非常简短："康德把教育定义为人成为人的过程。……真正人类的生活特征在于，人不得不通过自发的努力来创造自己，不得不使自己成为真正道德的、理性的、自由的存在者。"[1] 对于康德的这个观点，杜威并没有像对卢梭、黑格尔那样详细展开评论，他紧接着这段文字就转移了话题，谈到了国家在近代教育发展中的积极作用。杜威的言下之意是，像卢梭、康德这样的 18 世纪的思想家，只知道强调个人主义的教育观，而没能像 19 世纪的黑格尔那样看到国家的教育功能。这种叙述方式，反映了杜威典型的反二元论的思想风格——要同时看到对立双方的合理性和不充分性，从而实施更高的整合。

　　康德传播得最广的名言是："有两样东西，越是经常而持久地对它们进行反复思考，它们就越是使心灵充满常新而日益

---

[1]　约翰·杜威:《民主与教育》，俞吾金、孔慧译，华东师范大学出版社，2019年版，第 116 页。

增长的惊赞和敬畏：我头上的星空和我心中的道德法则。"[①] 可是，传播康德这句名言的人当中，可能只有很少数人知道，康德是一个典型的二元论者。康德的哲学既丰富又复杂，这里只能简单勾勒一下康德思考世界的方式。

在牛顿的经典力学建立约一个世纪后，康德出版了在思想史上享有崇高声誉的著作——《纯粹理性批判》。这部著作晦涩难懂且分量很重，但其中关于人和世界的思考方式非常具有启发性。康德的基本问题是：要形成人类的经验，要有什么基本条件？这个问题对于杜威是不成立的，因为在杜威看来，人类的经验是伴随人类这个物种的自然演化而生发出来的。杜威的观点与现代科学的立场更加一致。既然人类经验是自然演化的产物，理解人类经验的产生机制就要依靠科学，特别是生物学和心理学。但康德的追问却是另一个维度的。

在康德看来，人的经验不是以混沌而是以秩序的形式呈现出来，说明人的经验中蕴涵着一些重要的先天条件。人具有时间和空间这两种感性直观形式，感官刺激必须被这两种直观形式进行整理才能上升至知觉，如你对眼前的这棵树的知觉。可是，要形成完整的经验，还离不开知性的概念。青蛙之所以形不成"树"的概念，在于它没有知性能力。人则不同，人可以通过基于知性能力的语言运用，去形成"树""草""青蛙"等概念，从而使人的有秩序的经验从混沌中脱颖而出。

然而，这些概念是离不开感性直观的，属于较低级的概

---

① 康德:《实践理性批判》，李秋零译注，中国人民大学出版社，2011年版，第151页。

念。在人工智能时代，机器也可以通过深度学习进而判断一个东西是不是一棵树或是不是一只青蛙。但是，对于更高级的概念的理解，则不是可以像学习感性概念那样去掌握的。例如，"大学"就是一个高级概念，机器没有办法仅仅通过建筑的可视特征去判断一个机构是不是大学。而在康德那里，能对经验进行奠基的概念都不是感性概念，如因果概念就不源于经验，而是使前后相继而有秩序的经验得以可能的先天条件。康德将自己的哲学称作"先验哲学"，就是致力于挖掘经验得以可能的那些先天条件。

在康德那里，先天条件包括感性直观的时空形式，以及各种先天知性概念，如实体性、因果性和协同性，以及可能性、现实性和必然性，等等。知性概念构成了一个结构关系，是经验、意识和自我意识得以可能的共同前提。康德的先验哲学与杜威的实践主义哲学有很大的区别和冲突，因此杜威在别的著作中有对康德的专门批判[①]。

与我们的话题相关的是，对于康德而言，要理解人何以为人，世界何以为世界，人何以可能认识世界，以及人的认识的可能边界，都离不开先验哲学的刨根问底式的追问。这种追问来源于康德的时代人们普遍感受到的自由与必然之间的紧张。如果牛顿描绘的宇宙图景就是事情的全部，那么，人这种

---

① 例如，在《确定性的寻求：关于知行关系的研究》中，杜威对康德和他自己的哲学作了如下对比："(康德哲学支持的)旧的中心是心灵，它是用一套本身完善的力量进行认知的，而且只是作用于一种本身同样完善的事先存在的外在材料上的。(杜威哲学支持的)新的中心是自然进程中所发生的变化不定的交互作用，而这个自然进程并不是固定和完善的，而是可以通过有意操作的中介导致各种不同的新的结果的。"

存在者在宇宙中的地位就与自然物或动植物没有本质上的区别，因为都要服从必然的因果律。然而在康德看来，人之所以为人，是因为人有心灵和自我意识去统摄万事万物，是因为人有不能还原成物理、化学和生物学规律的主体性和自由。正是在人的主体性和自由意志中，才诞生了真假、善恶、美丑、正义、邪恶等概念，才能够解释人该如何成长，以及人的教育该何去何从的问题。

康德的哲学相当复杂，我们不可能在这里喧宾夺主地对康德哲学进行系统的介绍。从以上的描述可以看出康德哲学的三个特点。

其一，康德强调心灵对世界的构造作用，是"唯心主义"的，可以类比王阳明的"心外无理""心外无物"。

其二，康德认为人具有居于自由与必然之间的二重性，人既隶属于自然又超越自然。人若没有超越性，人就不再是人，康德对人的超越性的强调，可以类比孔子的"无求生以害仁，有杀身以成仁"的做人准则。

其三，人的二重性集中体现为人的主体性和客体性的紧张统一，人既离不开以科学的对象化思维方式去审视自然和自身，也离不开从心灵或精神的内在视野出来去理解人和世界。回忆一下，我们在第六章探讨科学主义与人文主义的冲突时，曾引用过物理学家海森伯和泡利的二重世界的观点，就此而论，他们的精神气质与康德是相通的。在康德看来，唯有承认主体性，才可能理解什么是自由精神和道德概念。与人形成强烈对比的是，机器智能之所以没有办法理解道德概念，就是因为机器没有主体性。

以康德为参照系，杜威的著作中很难看到人的主体性与客体性的二重性导致的紧张。杜威以它的经验一元论去解释万事万物，他实际上是想要以实践主义的世界观和方法论去超越人的二重性。这也可以解释，为何杜威不愿意在科学思维与道德思维之间进行具有本质意义的区分，而认为可以从科学思维提炼出一般的有效思维模式。

可是，康德给予我们的启示却是，以客体为对象的科学思维只适合研究经验中的事物，而道德思维才会使人理解什么是自由，才可能将人性提升至与上帝或天道关联的境界。人没有办法在科学视野中理解这种境界，因为科学本身是价值中立的且不假设"自由""主体""善""正义"等概念。在康德看来，这些概念属于实践理性，而不能以做科学研究的理论理性的方式去加以证明。

不过，要证明实践理性的概念并对其丰富内涵予以说明，按照康德的思路，我们不仅要进行实践理性批判①，还必须承认一个二重世界。一个是服从经验的因果必然性的客体世界，另一个是超越因果必然性的主体世界。以这个视野来看，人是同时居于这个二重世界的存在者，上接先验或超验的"天"，下连经验的"地"，属于"三才"②之一。

康德哲学的启发和魅力是举世公认的，但其中的二元论

---

① 康德的意思是，必须对人的实践目的和依据进行全方位审视，从而揭示实践理性的本质、层次和适用范围，相关思想集中体现在他的《道德形而上学奠基》和《实践理性批判》这两本著作中。
② 康德当然没有使用中国传统文化中的术语，不过，借助天地人"三才"的概念，有助于以简化的方式理解康德的哲学思想。

和二重世界的思想却遭到了后世哲学家的批判，杜威即是坚定的批判者之一。时过境迁，今天，随着人类科技的不断发展，特别是随着人工智能时代的到来，人被机器异化，甚至人性被机器智能吞噬的风险也越来越大。以不同于杜威的方式重提并凸显主体性，也许相比康德的时代，对于人的教育事业就更显紧迫。

当电子教师能够成为人的全方位学习顾问后，杜威期望的"学习知识"与"学以成人"的一体化很有可能遭到严重的分化，变为相互独立的两件事情。本来，学习知识和学以成人在传统学校是你中有我、我中有你的，这是人类要建立正规学校的原因。学习知识和学以成人都离不开杜威强调的经验生长的连续性原则和交互性原则，然而，仅从这两个原则出发，却不足以看清这两种"学"的本质区别。

我们在第三章描述杜威对卢梭的评价时，曾提到了对卢梭的康德式解读。那种解读强调，人的普遍本性对教育的具体内容和路径具有规范作用，也就是说，学以成人的更高目标对学习知识的具体目标具有优先性。在康德看来，卢梭的意思是，人的天性或本性的教育独立于并规范着具体的教育，无论是学习自然知识的教育还是学习人的知识或社会知识的教育。可是，什么是人之为人的本性呢？在康德看来，要在更深的层面探讨这个话题，就必须直面先验与经验的区别，自由与必然的紧张，以及主体与客体的不同，而不能仅仅停留在经验的流变中并以经验的原则去进行言说。

毕竟，在康德看来，一旦人失去了对于服从因果必然性的经验的超越性，人之为人的本性也将不复存在。按照康德的思想，如果人只是学习经验知识，哪怕这样的知识是以科学之名呈现的，而不懂得在经验之流中不断回归和弘扬人之为人的本性，不懂得学以成人是比一般意义上的学习知识更具有优先性的"学"，教育就会真正变成没有目的和根据的盲目活动。

其实，当杜威还在世的时代，有人就已经在反思和批判杜威教育哲学中存在的问题。哈钦森[①]在一篇论通识教育的文章中，他针对杜威的教育思想这样写道："我们对于进步的错误观念已经把古典作品和人文艺术摒弃于课程之外，过分强调经验科学，并使教育成为社会上任何当代运动的附属品，不管是多么表面上的。"[②]哈钦森主张教育必须回归人性和对人类生活而言永恒不变的东西，如真善美、自由和正义。

面对世界的不断变化，面对人类经验之流的不确定性，哈钦森反对教育要无条件地响应经验世界的流变，他认为，"我们应当决定什么变化是大家所期望的，从而教育我们的学生，而不只是预见这些变化且参与促成这些变化"[③]。哈钦森这番话类似于康德强调实践理性优先于理论理性，学以成人优先于学习知识，强调作为主体的、具有自由意志的人，首先应该搞清晰何以成人以及如何成人的根本教育问题。哈钦森接着说："教育的一个目的是要引出我们人类天性中共同的要素，这些要素在任何时间或任何地点都是相同的。所以，教育一个人在

---

① 罗伯特·梅纳德·哈钦森（Robert Maynard Hutchins, 1899—1977）曾担任芝加哥大学校长长达二十余年（1929—1950），提倡博雅教育和经典阅读，为将芝加哥大学办成世界一流大学作出了巨大贡献。
② 王承绪、赵祥麟：《西方现代教育论著选》，人民教育出版社，2001年版，第205页。
③ 同上。

任何特定的时间或特定的地方生活，使他适应任何特定的环境，这种意见同真正的教育概念是格格不入的。"① 哈钦森强调教育中的"人同此心，心同此理"的普遍内容，特别是人的道德性和超越性，不能完全由科学思维或科学理性来承载。

杜威比哈钦森年长 40 岁，在面临后生小辈的批评时，杜威表现出了一个思想家的真诚和坦率，他在一些文章认真回应了哈钦森的批判②。从杜威的思想与康德和哈钦森的思想的比较中，我们可以更好地理解人类思想的复杂性。康德与哈钦森的思想接近"天不变道亦不变"的立场，这是古亦有之的思想类型，康德和哈钦森可以看作这种思想的现代辩护者和发扬者。持这个立场的人无论他们之间的思想旨趣有多大的差异，大都会反对杜威，不是反对杜威对教育的具体洞见，而是反对杜威的哲学基础。

例如，20 世纪的儒家学者梁漱溟就认为杜威，"明白有多大，他糊涂就有多大。……他对生命有理会，可是他只对无穷而又变化不息的生命理会了然。他于不变的一面没有看见，不变是根本是体，变是不变的用。他所悟纯是用之一面，他没有悟到体。……所有他的主张中没有不合乎道德的地方。但他没发现道德，他与儒家相近而缺其一面。为甚缺一面，即他学问从哲学来。他只看见相对，没有看见绝对，只见用没见体，

---

① 王承绪、赵祥麟:《西方现代教育论著选》，人民教育出版社，2001 年版，第 205–206 页。

② 在一篇回应哈钦森的文章中，杜威申明了他与哈钦森不同的观点:"在确定知识的问题上，经验、实验方法以及（知识）与实验融和具有首要的地位，而经典传统所说的理性和和理智只具有辅助作用。"参见杜威:《杜威全集·晚期著作（第十一卷）》，朱志方等译，华东师范大学出版社，2015 年版，第 316 页。

只见变未见不变"①。梁漱溟的批判之所以显得尖锐，是因为他刻意使用二元对立的语言来否认杜威在超越二元对立的道路上所作的努力。站在杜威的角度，他完全可以借助中国传统思想的"体用不二"来回应梁漱溟的批评。

无论怎样，杜威代表了另一种类型的思想。人不可能两次踏进同一条河流，人的经验之流以及建立在它之上的文明奔流不息，没有先天确定的方向，就像从大自然中演化而出的人类并非自然有目的设计的结果。人之所以能够创建高于自然的文化和文明，正在于人有适应和改变自然环境的能力，这种能力也创造了人类的文化和社会环境。杜威相信，从人类文明长远发展的角度出发，理论和历史的证据都表明，民主理想以及民主教育是最值得捍卫的。但要证明民主理想，却不能诉诸永恒的天道，因为在经验的连续性和交互性的生生不息中，有相对的不变而无绝对的不变，有理想与现实的紧张，却没有永恒世界与现象世界的截然对立。

至于随着人类科技的不断发展直至人工智能的颠覆性影响的出现，民主理想和民主教育还能否维系自身，则是一个超越了杜威所处时代的问题。这样的问题更是超越了康德的时代。至于哪种类型的思想在教育上或更广宽的人类实践领域更有洞见、启发或更有应对办法，则不取决于杜威或其他已经作古的思想家，而是要取决于还在人类文明的经验之流中挣扎、沉浮、奋斗、贡献的我们，取决于生命本身的创造性。有理由

---

① 丁道勇：《杜威在民国时期受到的批评》，《全球教育展望》，2018 年第 10 期，第 94 页。

认为，杜威是会赞成这种乐观主义的。毕竟，杜威在《民主与教育》和其他重要著作中，为我们谱写的正是以"实践主义"而命名的生命的思想之歌。

附 录

杜威小传

一、家庭环境

每个人的人生都值得回顾，因为每个人的人生都有独特的生命内涵。但是，只有少数人的人生值得亲人友人之外的后人反复回顾。值得这样回顾的人生要么特别精彩，要么对人类作出过杰出贡献，而杜威的人生则是兼而有之。

杜威于 1859 年 10 月 20 日出生于美国东北部弗蒙特州的伯灵顿。那一年，大西洋彼岸的达尔文发表了《物种起源》，深刻地改变了人类对于生命的认知。杜威是作为思想家被后人纪念的，而思想则是生命对自身的高级表达。刚出生的杜威自然不会知道，在近一个世纪的漫长生命旅程中，他这个生命体会对人类的思想生命作出怎样的贡献。

约翰·杜威（John Dewey）的名是"约翰"，姓是"杜威"，从某种意义上说，这个约翰是作为另一个约翰的替身而出生的。事情的起因是，杜威家的长子，时年 3 岁的约翰·阿奇博尔德·杜威，在我们的主角约翰·杜威出生前 40 周，因一场意外的火灾而受伤严重并不幸离世。将新出生的孩子也取名为

"约翰"，可以看出，这寄托着父母对前一个孩子怎样的哀思。

小杜威从出生起就极为受宠，超过了另一个哥哥和以后的弟弟。从某种意义上讲，父母对小杜威的这份特殊宠爱也是一种负担，在他的无意识中种下了为父母而活的责任。过重的责任有可能会压垮一个孩子，好在杜威的父母并未用这份爱去捆绑他的成长。随着年龄的增长，小杜威朦胧地意识到，他是命运眷顾的宠儿，并在混沌的童年期有一种奇特的使命感。

在杜威 1 岁多时，美国南北战争爆发。杜威的父亲参加了弗蒙特州的骑兵，一离开家就是 3 年。幸运的是，杜威的父亲虽然勇敢且立有战功，但却在残酷的战争中幸存了下来。战争临近结束时，杜威的父亲才第一次回到了家里，那时杜威已经 4 岁多了。当杜威 5 岁半时，为废除奴隶制和统一美国南北方而居功至伟的林肯总统遭到暗杀，全国陷入悲痛，年幼的杜威深受震撼。那时，杜威的父亲也因第二次出征负伤而留在了南方。伤好之后，杜威的父亲在南部各州从事商业活动，直到 1867 年，也就是杜威 7 岁时才回到故乡伯灵顿。

杜威的父亲因经商而改善了家庭的生活条件，使全家搬进了一座较大的房子，还想办法使曾有的杂货店和雪茄店重新营业。杜威的父亲具有新英格兰地区美国人典型的积极进取的精神特质，宗教上虔诚而行动上充满活力。新英格兰地区的美国人大都是欧洲移民的后代，杜威家也不例外。杜威的父亲特别珍视在他的苏格兰和爱尔兰血统中混合的荷兰血统。荷兰虽小，但作为曾经的海洋和商业强国，在人类近代史中占有举足轻重的地位。从杜威父亲的进取性格中，荷兰祖先的开拓精神隐约可见。

杜威的父亲勤奋好学，在他的家乡甚至有一条谚语——"像杜威一样勤奋"。毫无疑问，我们的主角杜威完全秉承了父亲的这一优点，才有日后的卓越成就。杜威的父亲还因酒量大而远近闻名，说明性格中有相当豪爽的一面。杜威的父亲也颇有经商天分，他的杂货店要出售当时人们照明必用的油脂和蜡烛，他在本地报纸上刊登的广告词居然是——"那些偏爱黑暗而不喜欢光明的人，最好不要在杜威的店里购买油脂或抹香鲸油做的蜡烛"。不难想象，在年幼的杜威眼中，父亲有多么高大的形象，特别是作为男孩，他肯定很想长大后成为父亲那样的人。

可是，杜威从小就是一个害羞而内省的孩子。一个重要原因是，杜威 7 岁之前，他很少与父亲生活在一起。另一个重要原因是，杜威的母亲具有与他的父亲很不一样的性格特征。杜威的母亲比他的父亲要小接近 20 岁，她的父亲和祖父都在务农之余积极从政，祖父还曾担任过国会议员。杜威的母亲这一系家世显赫，她的一个堂兄曾任弗蒙特大学的校长，青年时期的杜威就在那里读书。杜威的母亲虽在那个时代不能从政，却有强烈的社会关怀和社会正义感，重视精神生活甚于物质生活。成熟以后的杜威，既有从母亲那里习得的内敛和深刻，也有从父亲那里继承的进取和务实，后人阅读杜威的著作，能够读到这两种力量的结合。

二、求学之路

杜威是在浓厚的宗教氛围中成长的。杜威的母亲非常虔诚，强调信仰和道德的纯洁性。杜威的母亲很有公共责任心，她还主动为当地的大学生提供精神和道德方面的建议。她强调内省，但有时显得过于内省而否定了世俗活动的合理性。她反对成年人赌博、喝酒、跳舞、打牌、打台球，甚至不允许孩子们在星期天玩弹珠。

物极必反。杜威的青少年时期虽积极参加各种宗教活动，但他成熟期的哲学几乎不谈宗教，而且坚决抵制重精神而轻物质、躲进内心而忽略行为的思想趋向。初看之下，仿佛杜威的思想钟摆偏向了父亲那一端。然而，母亲的影响却是深刻而持久的。杜威终其一生都习惯由反思而致良知，他不断扩展自己的社会正义感，依次覆盖了对个人、家庭、社群、国家和人类的理解。

在杜威的青少年时代，随着科学技术对社会生活的影响越来越大，人们对古老的宗教信仰的怀疑和反思也越来越强。过去，美国的高校都有教会背景，校长往往要兼任牧师。到杜威17岁那年，约翰·霍普金斯大学建立，明确提出了不受制于宗教的学术自由，这所大学也是后来杜威开启研究生学习的地方。

但在杜威受教育的时代，美国教育的总体状况与今天有很大的区别，那时，宗教文化的影响还很大，要求学生死记硬背是教育教学中的常态。杜威刚入学那年，学校数十名孩子年龄跨度是7岁到19岁，孩子们居然挤在一起学习而不分年级。后来才有了分年级和班级的教学改革。即便如此，杜威经历的教学也相当乏味，主要进行传统基础知识的学习，如阅读、写作和背诵。杜威的阅读成绩很好，但他的腼腆性格影响了背诵成绩。杜威对他经历的中小学教育没有什么好感，教师素质不高，所教知识陈腐不堪，教学方法也相当无趣。杜威对日常的学校生活感到厌倦，他渴望新的事物。

据杜威后来回忆，中小学教师经常用鞭子体罚学生，想以这种错误的方式引起学生对学习的重视。事实上，杜威终其一生对教育的兴趣，都源于他对于上学的负面体验。杜威不到16 岁便高中毕业，被弗蒙特大学录取。那时的大学从功能上类似于今天的大学，但规模都不大。弗蒙特大学只有不到 100 名学生和 8 位教授，教学范围覆盖语言、经典阅读、修辞学、道德哲学、政治经济学、数学、自然科学等内容。

大学时期的杜威最大的收获是泡图书馆。杜威兴趣广泛，他满怀兴趣地游历在大学图书馆 16000 本藏书中。这个藏书量相比今天的大学动辄数百万册或上千万册藏书量，真是太小了。尽管如此，杜威每次借书时，都要受到兼任图书管理员的一位语言学教授的审查，这使杜威大为恼火。从自己大学的图书馆中借书还要受到审查，在今天听来仿佛天方夜谭，但考虑到宗教文化对当时的美国社会仍然有很大的影响，就较好理解了。

据后人的考证，杜威的阅读范围很广，包括文学、政治、科学、历史、教育，等等。但杜威喜欢阅读新书，接受新思想，而不喜欢停留在古典思想和信仰中。杜威在大学三年级时选修了一位生物学教授的课，生命的有机属性给他留下了很深的印象。与此同时，杜威开始跟随时任弗蒙特大学校长的马什教授学习哲学，进一步解放了他的思想。马什教授特别关心教育事业，坚持认为教育事业的目的就是发展人的心智。杜威还在另一位对他影响更大的哲学教授的带领下学习了康德哲学，开阔并深化了他的思想视野。

杜威最后以第二名的成绩从 18 名同级同学中脱颖而出。杜威的成绩虽好，但他却感觉自己充满了矛盾，被各种相反的力量拉扯着。特别是宗教与科学的冲突，以及哲学中的二元论思想，反而加重了杜威从父母的不同性格中承袭的生活视野的内在紧张。与很多天才的人生不同的是，当回望大学毕业时的杜威，我们似乎看不到日后作为大思想家的杜威的太多影子。

三、选择哲学

大学毕业后的两三个月内，杜威没有找到工作。后来，在当中学校长的表姐的邀请下，杜威来到家乡附近一个小镇当了中学教师。杜威除了为学生讲解几何、自然科学和拉丁语之外，还担任副校长。不过，杜威从教的中学很小，在他任教的两年时间内，一共只有 45 名学生入学，19 名学生毕业。那时的杜威还不到 20 岁，他熟悉古希腊语、拉丁语，也懂得一些德语，虽未有才华横溢的表现，也算是博学之士。

杜威暗恋表姐，他后来回忆说："我曾试图与我的表姐发生一些风流韵事……我觉得应该做点什么，但我做不到。因为我太害羞了。"杜威在小镇生活的两年时间里，相当孤独，但他远离家人，终于有机会在更宽松的环境去思考自己的人生问题。杜威给人的总体印象是沉默寡言，不懂社交，没有幽默感。但只有杜威自己才知道，他的全部精力都用于思考关于信仰的问题，以及由之导向的哲学问题。

为了突破自己的精神困局，杜威专门写了一篇哲学文章寄给了约翰·霍普金斯大学的哲学家莫里斯教授，该教授还是一份重要刊物的编辑。杜威在信中恳求这位哲学家，即使不能刊用他的文章，能否给他的文章提出反馈意见。这个时候的杜威，经过大量阅读和思考后，已经决定要成为一位哲学家。他于是回到了家乡伯灵顿，与自己就读弗蒙特大学的老师一起研读哲学并继续学习德语。在这期间，杜威收到了莫里斯的回信。莫里斯不仅决定发表杜威的文章，还鼓励他从事专门的哲学研究。

那个时候，美国的哲学教授大都是神职人员，但杜威并不想成为一名牧师，而是想成为一位不受宗教信仰约束的自由思想家。受莫里斯的启发，杜威开始阅读黑格尔的哲学，并学习以哲学的视野去审视教育事业。尽管得到了莫里斯的欣赏，而且杜威在表姐学校教书时也有人预言他将成为一个大人物，但杜威并不擅长教学，他的教学水平甚至不及一般教师。此时的杜威已决定申请约翰·霍普金斯大学去读研究生，从事专门的哲学研究。杜威的申请并非一帆风顺，他屡遭挫折，但仍然坚持不懈地阅读和写作，终于在23岁那年获得了录取通知，外加一笔不菲的奖学金。

约翰·霍普金斯大学坐落于马里兰州的巴尔的摩市，有一个绿草成茵、大树环绕的美丽校园。杜威在研究生期间跟随莫里斯教授研读德国哲学，他感觉自己收获很大。此时的杜威沉迷于以康德和黑格尔为代表的德国哲学，他因此而错过了一位特别有原创性的哲学家，这就是被后人普遍称为实用主义或实践主义创始人的皮尔士。杜威在了解了皮尔士的课程后，发现对他吸引力不大，因为皮尔士的课主要讲逻辑，有复杂的演算，杜威感觉更接近数学而非哲学。

很有意思的是，杜威以后将成为实践主义哲学的领军人物，他的影响力也将全面超越皮尔士。杜威成名之后才发现，原来自己在约翰·霍普金斯大学的老师皮尔士在实践主义哲学的一些涉及认识论的奠基性领域具有了不起的贡献。于是，杜威再反过来阅读皮尔士的著述，并从中吸取养料，终于使自己成为实践主义哲学的集大成者。杜威的思想进程很符合他的性格，谦虚谨慎，广泛学习，不断超越而不走极端。

研究生时期的杜威因错过了皮尔士的课，在思想发展上反而因祸得福。杜威腾出精力广泛学习政治学、社会学、历史、人文、社科类课程，并深入学习了心理学。在约翰·霍普金斯大学读研究生期间，杜威太投入学习，并总是困惑于自己精神上的内在冲突，以至于他几乎没有交到朋友，与后来成为社会活动家的杜威判若两人。

杜威就读的约翰·霍普金斯大学是私立的，它借鉴德国大学的成功经验，是一所坚决信奉思想自由的大学，标志着美国现代大学的诞生和转型。约翰·霍普金斯大学广泛使用师生研讨形式去代替教师"讲"课，在人才培养上取得了显著成效，以至于像哈佛、耶鲁等老牌大学也纷纷效仿而转型成了现代大学。约翰·霍普金斯大学在美国高等教育史上具有举足轻重的地位，它不仅以一己之力影响了宗教背景浓厚的老牌学院，使它们走向了世俗化的现代大学之路，而且还启发了后来也成为世界一流大学的芝加哥大学和斯坦福大学的创办。

正是在约翰·霍普金斯大学的自由学术氛围中，杜威身上分别源于父亲和母亲的两种异质精神力量，才有机会在广阔的学术思想天地中探索相应的出路。杜威一方面师从莫里斯教授深入学习哲学，将母亲看重的精神内省导向人类精神的深处，从而以人类精神的大视野将他从个体生命的小纠结中解放了出来；另一方面，杜威又努力学习心理学，师从著名心理学家霍尔，以实验方法探索对人的行为的理解，从而使源自父亲的行动本能有了科学活动这个载体，有利于克服若只是转向精神内部则可能不断加深的内向和害羞。杜威后来也承认，借助心理学实验研究，有助于他避免只追求精神的内在真理而导致的褊狭，对他有很好的解脱作用。

四、三十而立

在约翰·霍普金斯大学取得博士学位后，杜威来到密西根大学任教。该校校长安格尔此前曾受联邦政府任命前往中国，是美国派往清朝的全权公使。安格尔校长也曾在杜威就读过的弗蒙特大学当过校长，他认识杜威的父母，也见过孩童时的杜威。密西根大学是美国最古老的公立大学之一，强调务实的科学研究。面对自己精神内部的信仰与科学二元冲突，杜威甚至想要从科学入手去证明宗教信仰。

那个时候的杜威在信仰上很是虔诚，在同一时期，杜威在相关学术沙龙上讲解他的生命观。杜威认为，"生命必须被视为一个有机整体，它的各个部分相互依存，密切相关，而自我意识是心理的主导原则；心理的进化在于扩大我们的环境，将我们自己置于与精神宇宙适当的有机关系中"。很显然，这时的杜威在努力调和科学与信仰的二元冲突，使用"精神宇宙"这个词意味着，他还没有摆脱黑格尔的"绝对精神"学说的影响，而将科学置于二元关系的次要位置。

杜威成熟期的思想作品是以反各种二元论而著称的。思想成熟后的杜威将彻底摆脱黑格尔的"绝对精神"学说，也将扬弃自己思想中的二元对立而使思想在圆融无碍中通达人类生活的方方面面。思想成熟后，杜威很少再谈论宗教，他关注的核心话题是哲学、教育、政治、社会、心理学和科学方法。至少从公众视野可以认定，杜威精神的钟摆摆向了父亲那一端，他变成了一个思想外向的、积极的行动主义者。很难说成熟期的杜威是一个否定宗教信仰的唯物主义者，但从杜威不再公开谈论宗教信仰这件事上可以猜测，他在内心深处就可谈内容和不可谈内容进行了明确的划分。

科学是可谈的，而且必须用证据和数学语言谈论出来，以接受科学家共同体的检验。哲学作为理性事业也是可谈的，必须不违背科学发现的事实，但却涉及科学所不及的对世界的总体领悟。如果这种领悟真有价值，就需用行动在生命过程中外显出来，并以别的哲学家能够理解的语言予以清晰的表达。显然，科学是完全处于公共世界之中的，而哲学则以总体领悟的思想操劳于公共世界与非公共世界的连接边缘，并会根据哲学家的不同领悟而改变两个世界的关系。正因为哲学涉及两个世界，相比科学，就与处于非公共世界的宗教神秘体验、信仰和精神有更近的关系。这也意味着，哲学以对世界的整体领悟与宗教精神更有可能成为时分时合的同盟者，而同时又不会像科学那样因与宗教处于两个世界而产生明显的二元对立。

我们不知道杜威认为自己突破了这种二元对立具体是在什么时候。但有理由猜测，年轻的杜威经历恋爱、结婚、生子的深度生命体验，对他突破各种二元论肯定是有帮助的。毕竟，哲学家也是人，相对于纯粹的思想活动，生命活动对于生命困惑往往是更好的解药。这也意味着，当杜威悟到了这一点后，他会趋向于否认有离开鲜活生命活动的、完全属于精神内部的"纯思"。

　　杜威的恋人名叫爱丽丝，后来成为杜威的终身伴侣，直到先于长寿的杜威而离世。认识杜威时，爱丽丝还是一个主修哲学的大三学生。杜威对爱丽丝的感情是强烈的，他的一封情书中有这样的话："哦，亲爱的，你是万物的中心，而非万物的边缘。……亲爱的，你就是我的自我，你就是我的生命。"从这些炽烈的句子中，我们看不到哲学家的情书与普通人的情书有何本质区别，这似乎印证了歌德在《浮士德》中借魔鬼之口说出的名言——"生命之树常青，而理论是灰色的"。当然，作为未来的实践主义哲学大师，时间将会证明，杜威的思想生命之树是常青的。

　　在另一封情书中，杜威写下了这样的句子："亲爱的，我发现没有你，我只是一个抽象的主观立场。"这句情话很有哲学风采，好像杜威以情书的方式宣告了他的实践主义哲学立场的诞生。是的，在成熟期的杜威看来，不处于关系中的主观或主体立场是不可能的，用哲学行话讲就是"主体间性优先于主体性"。临近28岁时，杜威成了父亲，通过亲子关系更好地理解了家庭生活的"主体间性"。这时的杜威，已经出版了在美国心理学界很有影响的心理学教材，书名就叫《心理学》，他已经是公认的冉冉升起的学术新星了。

哲学家的思想智慧与生活中的笨拙有时是相辅相成的，有两则流传很广的故事是这样的。

杜威夫妇的长子弗雷德幼时在客厅里喧闹，此时的爱丽丝已经成了杜威夫人，她要杜威去哄小弗雷德安静下来。据客人回忆到，杜威听明白夫人的要求后，他拉长音调慢吞吞地说："爱丽丝，这我可做不到，这工作太难了。"至于杜威为何这样回应，合理的猜测是，他知道没有办法以讲道理的方式让处于兴奋中的孩子安静下来，而运用权威进行呵斥又非他所愿。从这件小事，也许可以发现杜威终身坚持的民主精神。

另一则故事说的是，稍大一些的弗雷德在楼上的卫生间里玩水，水溢了出来，顺着木板渗到了杜威的书房。我们可以想象，此时的杜威正在进行哲学或心理学的创作，他以冥思苦想召唤灵感，从天花板上悄无声息地掉下来串串冰冷的水珠，突然浇灭了灵感的火花。杜威本能地冲上楼去，他一脸惊奇，然后一言不发地看着弗雷德继续玩水。弗雷德看到爸爸站在门边，他知道自己闯祸了，但却不解为何爸爸既不指责也不干涉。沉不住气的倒是只有几岁的弗雷德，他开口说："约翰，什么也不要说了，快去把拖把拿来！"

由于文化差异性，美国家庭的亲子关系固然较中国家庭要随意很多，但在杜威的年代，也只有在既有爱又很宽松的家庭环境里，孩子才会对父母直呼其名。从弗雷德称杜威为"约翰"这个细节上，可见杜威营造了一种相当宽松的家庭氛围。至于为何杜威一言不发地站在那里，两种解释都是合理的：其一，杜威还沉浸在灵感之火刚被浇灭的状态，心不在焉而又无助地试图捕捉远去的灵感，以至于忘记了为何要跑上楼来；其二，杜威本能地欣赏起儿子的调皮捣蛋，作为一个心理学家，他饶有趣味地观察着孩子的行为。

无论怎样，以上两则小故事都从侧面反映了杜威的专注、耐心与好奇心强的特点。这些特点驱使杜威深入哲学和心理学研究的前沿领域，并通过自己的勤奋努力赢得了同事和学生的一致好评："杜威教授是站在前沿的一名深邃的思想家和学者，同时他也是一名非常成功的教师。他拥有将复杂问题简单化和有趣化的能力，他的平易近人使得他深受爱戴。"这是 30 岁左右的杜威取得的学术口碑，对于这个长寿的思想家而言，一切才刚刚开始。

五、教育使命

杜威 30 岁时曾担任密西根大学哲学系的系主任，35 岁赴任芝加哥大学担任"哲学、心理学和教育学"系的系主任。杜威对教育的兴趣是一以贯之的，他对自己孩子的培育方式就有点像一种教育实验。杜威夫妇前后一共生了六个孩子，他们都希望孩子的成长是自然的，要尽可能少受人为束缚。美国北方的冬天，天气极为寒冷，可杜威夫妇的孩子经常不穿鞋袜就会到户外去。有一次，一个警察出于好心拦下了杜威夫人，提醒她天气太冷，孩子不穿鞋袜容易得病。杜威夫人则回应说：这不关你的事，因为我完全知道如何抚养我的孩子们。

在杜威夫人生了第三个孩子后，她居然会向只有几岁的老大和老二解说生育的全过程，让两个孩子非常震惊。更有甚者，在孩子们性发育的关键几年，杜威夫妇甚至会赤身裸体在家中走动，为的是让孩子们能够自然面对性的问题。在大洋彼岸，只比杜威大 3 岁的弗洛伊德，他对维多利亚时期人们性意识的虚假压抑的揭示，有可能影响了杜威。杜威夫妇的家庭教育实验，对于中国家长无论如何难以接受。事实上，即使是在 19 世纪末的美国，这种家庭教育实验也是离经叛道的。

后来，杜威夫妇的六个孩子中有两个不幸夭折了，其他四个都成了社会不同行业的佼佼者。当然，杜威的孩子们都没有杜威本人那样大的成就，这说明教育只是改变人生走向的变量之一，天赋、环境、机缘都可能是比教育更重要的人生变量。不过，成熟期的杜威在《民主与教育》中专门谈到，天赋、环境等当事人不可控的因素正是教育得以可能并有意义的背景条件，它们并非教育的竞争者。

除了家庭生活和抚养子女，杜威对教育的持续兴趣源于他的社会关怀和责任心。19 世纪末的美国既充满活力又动荡不安，各种社会矛盾彼此影响。哲学家往往具有理想主义气质，杜威也不例外。毕竟，哲学要把握现实就必须超越现实，否则就无从对现实进行批判或建构。还在密西根大学任教时，年轻的杜威就因自己的理想主义而差点名誉扫地。

事情的起因是，一位很有才华的记者认为贪婪的资本主义破坏了美国的民主。这位名叫福特的记者想找一位志同道合的年轻学者去实施社会改造的理想，第一步就是要创作和传播"有思想的新闻"，以区别于一般媒体对社会问题的浅薄报道。杜威被福特追求社会正义的理想吸引，答应一起创办《思想新闻》。然而，新闻自由是一把双刃剑，《思想新闻》还未出版第一期，各种闲言碎语就通过当地媒体而发酵，暗示杜威动机不纯，或想当革命者。就这样，杜威一下子成了人们谈论的焦点人物，但却是在负面报道中被迫成为焦点的。杜威本来就天性腼腆，成为革命者更是违背了他的初心。然而，福特却真是一位想要对资本主义制度发起革命的人。无论是性格原因，还是信念原因，总之杜威最后没有参与福特的社会革命计划。而在福特看来，杜威在关键之时选择了明哲保身，仅仅是为了大学的工资而放弃了社会理想。就这样，杜威在福特的眼中变成了知行不一的伪君子。

尽管福特有些极端，但他却给了杜威很实在的影响。杜威认识到，真理只有在特定的行动中才是有机而现实的。民主不只是选举和投票，而代表着一种价值观，那就是，应广泛分配人类的精神财富。但人类精神财富的载体却是物质财富，如若工人与资方的矛盾不可调和，精神财富的分配就不可能跨越这条阶级分界线。就在杜威调任芝加哥大学不久，发生了一次严重的劳资冲突。工人在举行大规模示威游行时，与警察发生了摩擦，有暴徒在混乱中趁机向警察和人群投掷炸弹，导致七名警察死亡，数十人受伤。这个过程中，有四名暴徒被击毙，随后还有七名示威者被判处死刑。由此，天性温和的杜威更加厌恶暴力革命。

既然暴力革命不是解决社会矛盾的办法，出路何在呢？杜威认为，经济冲突固然是社会矛盾的原因之一，但却不是唯一的原因。由于不能以民主方式共享人类的精神财富，各方就不能针对冲突的原因和解决方案进行有效的交流，弥合阶级分歧的民主文化就无法形成。而唯有基于这样的民主文化，经济冲突的不良后果才可能被遏制在一定的范围之内。杜威的结论是，教育是促进民主文化发育的关键路径，因为交流是教育和民主共享的底层逻辑。杜威发现，所有的哲学都旨在回答人是什么的问题，但很少有哲学直面另一个维度的问题——人是怎样成为人的？

在杜威看来，关于人的教育问题与关于人的哲学问题是一枚钱币的两面。"X 是什么？"在传统哲学那里是一个静态问题，而在实践主义的视野下就同时蕴涵着"怎样成为 X"的动态问题。换言之，如果不知道怎样成为 X，也就不可能知道 X 是什么。按照实践主义，静态问题只有动态化才是有意义的。这样看来，教育根本就不能被理解成哲学的应用，而是哲学的根本问题。毕竟，搞不清楚"怎样是？"的问题，就回答不了"是什么？"的问题。"是"既是一个系词，更是一个动词，有"存在着""成为着"的动态含义。于是，要回答"人是什么？"的传统哲学问题，就必须转换视野而同时回答"怎样成为人？""人能成为什么？""人能做什么？"的动态问题。杜威之所以终身孜孜不倦探索教育，是因为他使教育和哲学相互关照，并分别赋予了彼此以独特的思想内涵。

杜威 40 岁时，出版了《学校与社会》，这是一本传播极为广泛的教育著作。在这部著作中，杜威的笔端流动着一种特殊的情绪。他写道："学习？——肯定要学习，但首要的是生活，学习是通过生活并与之联系起来进行的。"针对只有学习或考试的学校生活，杜威深刻地指出，"当学校的工作仅仅是学习课程，互相帮助就不是最自然的合作和联合方式，而变成解除邻里职责的秘密行为"。杜威的意思是，在只有课程学习和效果考核的教育现实中，那些想要帮助或协助他人的人，那些想要共同成长的人，就会自然地被纳入阴谋论式的负面解读。这当然是扭曲的教育，必将产生不知生活为何物的扭曲的人。

作为哲学家和心理学家的杜威长期关注教育问题，到芝加哥大学不久，即创建了附属于芝加哥大学的芝加哥实验学校，后人普遍称之为"杜威学校"。杜威那时任芝加哥大学的"哲学、心理学和教育学"系的系主任，这个实验学校类似附属于物理学系或化学系的实验室。《学校与社会》即是杜威教育实践的思想结晶。在《大学附属小学的组织计划》这本小册子中，杜威以这样的方式表达了他的教育观和学校观："只有当学校本身是一个小型合作化的社会时，教育才能为儿童适应未来的社会生活做准备。……在这种共同的社会生活中，教师是向导，是领袖。他们顺应着儿童天生的好奇心及爱好活动、向往社交的本能，这是教育取得成效的出发点。"

杜威学校取得了许多重要的实验成果，深受孩子喜欢，也深得家长和教师的信任。在即将跨入 20 世纪时，杜威学校把儿童、家长和教师团结成了一个紧密的社会组织，这是独树一帜的。但杜威学校只存在了八年（1896—1904），因为杜威本人突然决定辞去在芝加哥大学的一切职务，包括杜威学校的负责人。有人的地方就有江湖，大学也不例外。一个说法是，芝加哥大学的管理层对杜威学校进行了不当的干扰，突破了杜威本人坚持的教育改革原则和其他一些底线原则。

离开芝加哥大学后，杜威与夫人带着五个孩子去欧洲游学，这是杜威第二次来到欧洲。杜威夫妇带着孩子们第一次去欧洲游学是十年前，那一次，他们的一个儿子因病去世，给杜威一家人很大的打击。这一次，杜威说服夫人重返那块曾令他们伤心的大陆，在辞去芝加哥大学的一切职务后，他太需要集中休整的时间了，而且也能通过旅行增长孩子们的见识，可谓一举两得。然而，命运似乎有意要捉弄杜威一家人，在第二次欧洲之行中，杜威的另一个儿子也因病去世，这给了杜威很大的打击，甚至数月之后，杜威还在感慨："灯熄灭了，所有的时间将变得多么难熬和空虚啊。"

杜威在欧洲之行结束回到美国后，他总是无精打采的。正当盛年的杜威对待生活的态度发生了微妙但永久的转变，他转向了内省。他放弃了可能出任一所大学当校长的机会，决定在哥伦比亚大学永久安定下来。是的，从45岁直到92岁去世，杜威兑现了对自己的诺言，他努力钻研学问，也一如既往地关心包括教育改革在内的各类社会实践。之后，他将以一个思想家的贡献影响那个时代，以及人类思想的未来进程。

六、中国之行

1919年4月，杜威夫妇来华访问。那时，即将60岁的杜威已经是名满天下的思想家了。杜威不是局限于书斋的书者，他习惯以自己的思想和知识去影响社会，"实践主义"也才名副其实。简要地讲，除了著书立说和讲学外，杜威不仅积极介入国内的教育和社会改革，还非常关注国际形势的发展，并以他的声望去支持人类的正义事业。来中国之前，杜威夫妇先访问了日本，他俩有空就给在美国的子女写信，后人将其编辑成了《杜威家书》。

杜威夫妇在日本生活了三个多月，他们受邀作讲座、参观名胜或会见日本各界名人。异国文化和日式生活情调给杜威夫妇留下了很深的印象，《杜威家书》的大部分内容是在描写生活中的点点滴滴的观察，包括遇见的各类人，以及日本人的服饰、饮食、茶道、戏剧、艺术、社会生活、政治观念，等等。在刚抵达日本的一封家书中，杜威夫人详细描写了日本人力车夫的打扮，紧接着，她立刻转折说，"给我拉车的是我的人类同胞，这让我痛苦"。因为家书是很随意的，这也自然流露出杜威夫人与她的夫君共同信奉的人与人地位平等的民主价值。

　　杜威夫妇在日本受到招待的热情程度大大超过他们的预期，以至于杜威在一封家书中说："我将要用我的余生和善意来报答我在这里感受到的大量善意和礼貌。"随着对日本人的观察超出日常生活而深入观念层面后，杜威敏锐地发现了一些问题。在稍后的家书中，杜威写道："在日本，很明显有一种对精神的压制。……非常不幸的是，他们如此迅猛地跻身于国力一流的国家之间，以至于在许多方面都毫无准备。对日本来说，要适应他们现在的地位和国际声誉是非常困难的一件任务，在这种压力之下的日本甚至有可能会破裂。"杜威的描述无疑是有预见性的。那时的日本，正在军国主义的扩张道路上快步前行，还陶醉于不久前的日俄战争和甲午海战的胜利。

　　杜威夫妇结束在日本的数月访问后乘船抵达了上海。中国这个历史悠久的东方古国很令杜威夫妇向往。何况，中国还有许多杰出人物与杜威有师生关系，包括新文化运动的发起人胡适、教育家陶行知、哲学家冯友兰、北京大学校长（后又任教育部部长）蒋梦麟、南开大学的创始人张伯苓、东南大学的创始人郭秉文、教育家陈鹤琴，等等。从《杜威家书》中可以看出，相比强邻日本，那时的中国是非常贫弱的。与此同时，杜威夫妇也细腻地捕捉到了中日两国民众的性格特征上的区别。相比日本人的安静，杜威写道："中国人是很吵闹的，虽然还说不上喧闹，也易于相处，一般说来，很有人情味。"通过对比日本来了解中国，显然是杜威夫妇认识中国的一条有效捷径。

杜威家书对中日两国的对比是直率的，他写道："使日本人值得尊敬的那些特质，同时也会让你对他们产生不快。他们本应该利用那个狭小而多山的岛屿造出一些世界奇迹，但他们的每一样东西都有些人为介入太多的成分。似乎所有事情都有一个规律，在欣赏他们的艺术影响力的同时，一个人也能够看到，所谓'艺术'（art）和'人工'（artificial）这两个概念是多么的相近。因此，这一次与这些易于相处的中国人聚到一起，简直就是一种放松。"

刚到中国不久，杜威就亲身见证了因《巴黎和约》把第一次世界大战的战败国德国在中国的非法权益转让给日本而引发的爱国学生运动。杜威从商业、政治和军事各个角度观察之后，他很为中国担心，他写道："日本存在于中国的任何一个城镇，就像一张网，在悄悄逼近鱼群。"在中国的所见所闻出乎杜威的预料，他观察到，"他们确实憎恶日本人，我们所见的美国人也都对此表示同情。毫无疑问，在巴黎和会决定将德国人的租界归还给中国之前，日本随意许诺、赤裸裸地撒谎的行径是美国人无法忘掉的。所有这一切，还有中国的极度贫困，是我在来之前未曾料想到的"。

尽管当时的中国积贫积弱，但杜威是真心喜欢中国。他在一封家书中是这样说的："毫不奇怪的是，任何一个待在这里的人，都会因为喜欢上中国人和蔼的个性，而多多少少变得中国化。"当然，杜威观察到的当时中国政治的腐败也让他有些沮丧，他从一个不同于中国人的观察视角，居然发现了书法这种伟大的中国艺术的现实问题。杜威是这样理解的："很容易看出，在政治遍布腐败，社会生活状态令人心灰意冷的时候，这些文化人很容易在艺术和精神中寻求庇护。你们能看到，这最终会助长某种颓废。"

世人皆知，杜威的民主主义主张渐进改革，而不是激进革命。然而，通过对中国社会进行深入观察后，杜威有时在家书中透露的想法竟然接近一个革命者。例如，在了解了一个腐败案例后，杜威说："这又是一个明证，证明中国还需要一场革命，或者确切地说，需要一场真正的革命。前一场革命终结了一个朝代，但导致的结果正如我在之前的信里所说的那样，一大帮腐败的军阀趁机把持了局面。我唯一看明白了的、能够解释这种现象的事就是，这些军阀和统治者只会为自己攫取更多的利益。他们所害怕的就是有谁会引起一场彻底的运动，让这一切在他们眼皮底下覆灭。"

杜威热爱中国，他本打算在中国游学一个学期，但最后却待了两年。这期间，他四处讲学，还拜访了包括孙中山在内的众多名人，并深度参与了教育改革和思想运动。关于中国的出路，杜威认为，"中国需要完备的教育，但是如果他们只是这么小打小闹的话，那件事就永远办不成"。两年时间的经历使杜威认为中国"是这个世界上最大的万花筒"。万花筒当然是一个比喻，意在说明杜威观察到的中国社会是破碎的、丰富的、矛盾的和充满各种可能性的。

作为哲学家的杜威，尽管他不懂中文，对时局的观察和分析仍然比一般人深刻很多。他太清楚日本的野心，以及中国因积弱和矛盾而酝酿的社会风暴了。他在家书中表露的一些看法甚至有先知的味道，他预判到，"如果任凭这样发展，再过五年或十年，全世界将会看到一个完全在日本军方控制之下的中国，除了两种别的可能——日本会因为压力而崩溃，或者整个亚洲都完全的布尔什维克化"。杜威说这番话之后的第26年，日本在第二次世界大战中战败投降，若没有中国人民以血肉筑就的万里长城，日本的崩溃将会遥遥无期。日本崩溃之后的仅仅五年时间内，红旗由北向南插遍了中国，江山易主的速度肯定让暮年的杜威震惊无比。

无论怎样，杜威对中国的热爱是深入骨子里的。杜威评价道："在文明礼貌方面，他们确实在全世界都能夺魁——与日本人一样的礼貌，但全然没有那么多的规矩，因此看上去更像一种道德上的美德。"在亲身经历中日两国的社会区别后，特别是在对中国社会和中国人有更深入的理解后，杜威写道："他（张伯苓）让我最近萌生的一个想法更为坚定，那就是中国人的保守主义更是一种智慧和辩证，而不是像我之前所想象的那样，仅仅是顺从于传统。因此，一旦他们的想法真的改变了，整个民族就会更彻底地改变，这会比日本彻底得多。"

出于对中国的热爱和基于他的民主价值观，1942年，已经83岁高龄的杜威为鼓舞中国人民的士气以抗击日本侵略者，他写了一封公开信。这封信印成了传单，由美国空军的飞机空投到了中国若干城市的上空。杜威在信中写道："日本的技术、经济和工业生活模式来自西方，但是日本的文学、艺术、宗教都来自中国。待战争取得胜利，中国必将重新取得精神领袖的地位，为全人类的文化发展作出贡献。"

七、独立人格

人的一生总是在思考中度过，但只有少数人活出了思想。杜威更是少数人中的极小数人，他的人生堪称思想人生。他的思想源于他的生命活动，而又最终超越了他这个有形个体，扩大了人类精神的疆域并成为它的不可分割的一部分。这份"杜威小传"没有办法全方位介绍杜威在不同领域的思想贡献，那么，就让我们通过几个具体事例来看看，杜威作为一个有血有肉的人，在生活的一些关键环节上，他是如何思考和行动的。

杜威一生极其勤奋，他撰写了数量惊人的书籍和文章，有哲学、心理学、教育学领域的专业著述，也有不少关于政治、经济、社会、历史、人物的评论性文章。由复旦大学杜威与美国哲学研究中心组织编译的中文版的《杜威全集》，仅仅关于杜威著作的目录，就长达24页。著述量如此之大的学者给人的刻板印象往往是足不出户、枯坐度日。然而，学问与思想皆是生命的外化，一个没有生命力的学者，无论知识有多渊博，都注定是书呆子气的。杜威之所以在生前受到那么多人爱戴，一个重要的原因是，他的生命有爱和思想，而不断被人阅读和纪念，也是因为他的思想承载着生命和爱的创造性。

有不少学生回忆杜威在哥伦比亚大学上课时的场景，感觉杜威教授进入教室时有点心不焉，他习惯于从笔记本上撕下一张纸，边折纸边交谈。杜威绝不照本宣科，但却显得有些漫不经心，他口才并不好，因此往往缺乏情绪上的感染力。一位学生在 1917 年听过杜威的课，他回忆到，刚开始时感觉有些失望，但"当回家整理笔记后，我发现，那些听上去连续杂乱的课程，却经深思熟虑，有着内在的紧密逻辑"。杜威的教学方法的特点是，他现场展示了思考的过程，与其说他在教学，不如说他在揭示思考或思想是如何出场和运行的。碰到学生的疑难问题时，杜威有时会坦率地承认自己并不知道答案，这时，他会建议先下课，或干脆将课终止于此。他想让好问题在每个人心中沉淀，他自己也需要时间找到合理的解答。这个场景生动地呈现了一个思想家的道德勇气。就在离杜威上课不远的哲学大厅里，有一座罗丹的《思想者》雕塑，杜威的身影与这件艺术杰作构成了一个思想与美相互阐释的场域。

杜威爱这个世界，世人也普遍以爱予以回报。也是在1917 年，一位名叫巴恩斯的成功商人混入了杜威的研讨班。巴恩斯是一位化学家，他发明了一种防止伤口感染的制剂，第一次世界大战的交战方都争相采购，使他发了大财。巴恩斯特别欣赏杜威的思想，以至于将杜威的教育哲学名著《民主与教育》分发到他自己工厂的每一位工人手里，还给他们时间去研读。巴恩斯也是一位艺术品收藏家，他大量收藏梵高、塞尚、雷诺阿等艺术大师的作品，后来成立了巴恩斯基金会，用专属的艺术馆去展览印象派和其他艺术珍品。杜威无疑以自己的思想和公共服务的精神影响了巴恩斯，但也通过巴恩斯更深刻地理解了艺术作品的本质。杜威75岁时出版了他的艺术哲学名著《作为经验的艺术》，使他与巴恩斯的友谊结出了丰硕的果实。

1917年，杜威已经在哥伦比亚大学待了12年了，他非常热爱这所大学，也热爱纽约这座万花筒般的城市。然而，此时的美国社会处于相当动荡的阶段，因为大西洋彼岸正在发生人类历史上前所未有的惨烈无比的大战。此时的美国，处于参战或不参战的矛盾不定的状态中。就在这个时候，哥伦比亚大学的学生会邀请俄国大文豪托尔斯泰的儿子伊利亚·托尔斯泰来作讲座。这位小托尔斯泰的政治立场因受其父的影响，坚持普遍的人道主义，而反对极端的民族主义。然而，哥伦比亚大学的管理层却认为，正值美国何去何从的关键时期，像小托尔斯泰这样的人，肯定也会贬低美国的民族主义和爱国主义，因此是不受欢迎的。杜威公开表态，坚决反对校方以爱国主义的名义限制学术与言论自由的做法。

下半年，英语系的达纳教授公开反战，校方以达纳传播不忠于国家的学说而将其解聘。大学的举措遭到了包括杜威在内的有关师生的抗议。尽管此时的杜威是支持美国参战的，但他却不能容忍大学对言论自由原则的践踏。紧接着，杜威的好友、心理学系的卡特尔教授也因反战言论遭到校方解聘。当年杜威从芝加哥大学辞职时，那时的卡特尔教授是哥伦比亚大学心理学系的系主任，是他促成了哥伦比亚大学聘任杜威，因此杜威一直心存感激。然而此时，校董事会不仅解聘了卡特尔教授，还剥夺了他的退休金。杜威对校方的做法相当愤怒，但在局势不可挽回时，杜威利用自己的影响力，让卡内基基金会为卡特尔教授提供了退休金。但一波未平，一波又起。

著名历史学家比尔德教授为抗议哥伦比亚大学解聘达纳教授和卡特尔教授而宣布辞职。比尔德教授认为，如果美国不能容忍异议人士在表达愤怒时说"与星条旗同下地狱"这样的怪话，这个国家的民主就是失败的和虚假的。比尔德教授是在他的最后一堂课上宣布辞职消息的，他的行动赢得了学生长达五分钟的热烈掌声。离开教室时，比尔德教授早已泪流满面。杜威公开支持比尔德教授，他通过媒体声称，"我认为比尔德教授的行动是校董会可耻的所作所为的后果"。杜威强调说，比尔德教授的勇敢行动表明，爱国主义不是约束学术和言论自由的理由，更不是实施迫害的借口。在比尔德教授的感召下，另一位著名教授罗宾逊也宣布辞职。之后，比尔德教授和罗宾逊教授邀请杜威，去共同创办一所奉学术和言论自由为最高准则的新大学。

在寸土寸金的纽约去创办一所新大学简直有点痴人说梦。但比尔德和罗宾逊硬是凭着自己的感召力，筹集到了十年的办学资金。杜威很可能是动心的，但杜威夫人却坚决反对，因为她认为杜威没有离开哥伦比亚大学的充分理由。尽管杜威没有离开哥伦比亚大学，但他却利用自己的声誉想尽办法支持比尔德和罗宾逊两位教授对新大学的筹建。因此，杜威后来也被视为这所新大学的创始人之一，这所新大学就是著名的"社会研究新院"（The New School for Social Research），一百年后的今天，该校在校学生已接近一万人，而且有许多名人毕业或任教于该校。20 世纪 50 年代，杜威去世后不久，汉娜·阿伦特来到社会研究新院当教授。她以开阔的视野和深刻的思想彻底反思了将人类一次次拖向灾难的极权主义的起源，特别以纳粹德国为例，对深藏于人性深处的"平庸之恶"作了犀利的批判。很有可能，阿伦特在字里行间中含有向杜威前辈致敬的话语，我们不妨称之为一个合理的猜测，待有心人小心求证。

　　杜威 90 岁时，他受到了全世界人民的祝福。时任美国总统杜鲁门的致辞由出席宴会的最高法院的法官念了出来："亲爱的杜威博士，一个 90 岁、拥有丰富的人生经历和朋友的爱并具有不可征服和不能征服的青春精神的人是有福的。"哥伦比亚大学校长、即将成为美国下一任总统的艾森豪威尔盛赞杜威是"自由战士""自由哲学家"和"哥伦比亚天空中最明亮的星星"。但最让杜威感到高兴的是孩子们写来的信，孩子们由衷感谢杜威为教育改革所做的一切，他们才有了目前这样幸福且自由的成长环境。90 岁之后，杜威仍然笔耕不辍，但他的生命之火即将熄灭。但消失的只是他肉身的生命，而杜威贡献给人类的精神生命和民主思想则一直在燃烧，也借助这篇杜威小传，燃烧进你的意犹未尽的思考中。

备注：

　　这篇《杜威小传》中的引文虽皆有出处，但一律不予以标注，这样做是为了提升读者的阅读体验，避免不必要的烦琐和学究气。引文来自以下参考文献，这些文献也是创作这篇《杜威小传》的主要资料来源。

1. 杰伊·马丁.教育人生：约翰·杜威传 [M].杨光富，等译.上海：华东师范大学出版社，2020.

2. 简·杜威，等.杜威传（修订版）[M].单中惠，编译.合肥：安徽教育出版社，2009.

3. 凯瑟琳·坎普·梅休，等.杜威学校 [M].王承绪，等译.北京：教育科学出版社，2013.

4. 约翰·杜威，爱丽丝·C·杜威，伊凡琳·杜威.杜威家书 [M].刘幸，译.北京：北京师范大学出版社，2016.

5. 约翰·杜威.杜威全集·晚期著作(第三卷)[M].孙宁，余小明，译.上海：华东师范大学出版社，2015.

6. 约翰·杜威.杜威全集·晚期著作（第十一卷）[M].朱志方，等译.上海：华东师范大学出版社，2015.

《民主与教育》各章概要 [①]

第一章　作为生活必需的教育

尽力延续自身的存在正是生命的本性。由于只有不断更新才能确保延续，生命就是一个自我更新的过程。教育之于社会生命，就像营养和繁殖之于自然生命。这个意义上的教育主要体现在通过交流而传递。交流是共享经验，直至经验成为共同财富的过程。交流会改变参与双方的倾向。为改进经验品质作出贡献，这是每一种人类交往方式的隐藏含义，而在与未成年人打交道时，这件事是最容易看清的。换言之，虽然每一类社会安排从效果上看都有教育意义，但教育效应首次成为交往目的的重要构成，则应归因于成年人与未成年人的交往。随着社会在结构和资源上越来越复杂，对正规和有意为之的教与学的需求也就随之增加。随着正规教学和训练的范围的扩大，直接交往获得的经验与学校习得的东西之间，就会有不期而至的分裂的危险。在过去数个世纪，正因为知识与专业性技能有了迅猛增长，这个危险才在今天变得空前凸显。

[①]　这是杜威所著的《民主与教育》的各章概要，杜威分别将它们附在各章正文后面，以帮助读者理解。译文由本书作者译出，英文原文可参考：*Democracy and Education: An Introduction to the Philosophy of Education*, John Dewey, The Macmillan Company, 1930, New York. 从英文书名可知，杜威这部名著的全称应该是《民主与教育：教育哲学导论》。

第二章　作为社会功能的教育

未成年人态度和性情的内在发展，对于社会生活的持续进步是必不可少的，但却不可能依靠直接搬运信念、情感和知识而使之发生。这种发展要通过环境的中介作用来实现，而环境由生命的特定活动所涉及的全部条件所构成。社会环境由成员的所有活动所构成，任何一个成员的活动都是彼此关联的。社会环境的真实教育效果，要取决于个人共享或参与联合活动的程度。通过分担社会活动，个人将激励这种活动的目的视为自己的，从而开始熟悉社会活动的方法和主题，获得所需的技能，并沉浸于相应的精神情感之中。

随着未成年人逐渐参与所属的群体活动，对他们性情的塑造也会在不经意间变得深入和内在。可是，随着社会越来越复杂，我们就发现有必要创造一种特殊的社会环境，以专门从事未成年人的才能的培养。这种特殊环境有三个主要功能：使想要发展的性情所依赖的因素变得精简和有序；净化现存的社会习俗并使之理想化；创造一个更开阔平衡的环境，而不是听任未成年人受原有环境的影响。

第三章　作为指导的教育

未成年人的自然或本能冲动，与他们生于其中的群体的生活风俗不相一致。因此，他们必须接受指导或引导。对未成年人的控制有别于身体上的强制，要使冲动在某一时间聚焦于确定的行为目标，并在行为的前后相继中引入连续性的秩序。要影响他人的行动，就必须确定能唤起相应行动的刺激是什么。但是，在命令、禁止、赞同和不赞同等情况下，刺激源于想要直接影响他人行动的人。在这些情况下，由于我们就是想要控制他人的行动，就有可能夸大这类控制的重要性，而忽略更长久有效的方法。基本的控制方式取决于未成年人所处情景的性质。在社会情景中，未成年人不得不参照他人的所作所为而行动并与之适应。这就会将他们的行动导向共同结果，并使参与者形成共同理解。即使他们的行动方式有差异，所有人都意指同一件事。这种对行动手段和目的的共同理解就是社会控制的本质。它是间接的、情感的和智识的，而不是直接的或人身的。它也是内在于个人性情的，而不是外在的或强迫的。通过兴趣和理解的一致去实现这种内在控制，就是教育的任务。虽然阅读和对话有较大的作用，但对这些手段的依赖常常过强以至于排斥其他手段。学校要充分发挥自己的作用，就要为受教育者提供更多的协同活动的机会，他们才会就自身能力及使用的材料和器具形成社会认知。

第四章　作为成长的教育

　　成长的力量取决于对他人的需要和自身的可塑性。儿童和青少年最能满足这两种条件。可塑性，或从经验中学习的能力，意味着习惯养成。习惯赋予控制环境的能力，并利用环境以实现人的目的。习惯有两种形式：一种是环境适应，生命活动要与周围事物保持普遍持久的平衡；另一种是积极活动，要为应对新情况而发挥再适应的能力。前者提供了成长背景，后者构成了成长。积极的习惯在面对新的目标时要运用各种能力，包括思维、发明和创新，它们与阻碍成长的保守力量形成鲜明对比。成长是生活的标志，教育是对成长的成全，除此之外没有目的。衡量学校教育的价值，其标准就在于它在何种程度上激发了持续成长的愿望，又在何种程度上为实现这个愿望提供了有效方法。

第五章　预备、展开和形式训练

教育过程的结果就是容纳进一步的教育，这个观念与对教育实践产生深远影响的其他观念形成对比。所探讨的首个对比观念是，教育要为将来的责任或利益作准备或预备。正文指出了这种观念的具体恶果，因为这个目标分散了教师和学生的注意力，不能富有成效地利用仅呈现于当下的需求和可能性。这个观念因此背离了它自己宣称的目标。教育是由内向外的展开，这个观念看起来与已论述过的成长观更有相似性。但正如福禄培尔和黑格尔的理论所呈现的，这个观念恰如教育的预备观一样忽略了生命的当下趋向与当下环境之间的交互作用。某种隐藏的整体被认为是给定的和现成的，而成长仅仅具有过渡意义；成长自身并非目的，而仅仅是把潜在的东西实现出来的手段。由于未实现的东西的用途是不明确的，就必须找到能够表象它的东西。按照福禄培尔，特定事物和行为的神秘符号价值（主要是数学意义上的）就代表了处于展开过程的绝对整体。按照黑格尔，持续存在的制度就是这个整体的富有成效的现实表达。对符号和制度的强调就会干扰对经验成长的丰富含义的直接洞察。另一种有缺陷但有影响的理论认为，从出生之时，心智就具备一些特定的心理官能或能力，如知觉、记忆、意愿、判断、总结、注意，等等；而教育就是要通过重复练习以训练这些官能。这种理论将主题材料视为相对外在和次要的东西，其价值只在于可以引起对一般官能的训练。对这种理论声称的各种能力的分离，以及能力与所作用的材料的分离，正文都有专门的批判。这种理论的实践后果是，不恰当地强调对既狭窄又专门的技能的训练，以至于牺牲了自发性、创造性和再适应的活力——而这些素养取决于特定活动之间的广泛连续的交互作用。

第六章　作为保守和进步力量的教育

教育可以被看作回溯性的或前瞻性的。换言之，教育可以被视为以过去容纳未来的过程，或者在未来发展中把过去视为可资利用的资源。前者从已经消逝的东西中寻找教育的标准和范式。心智就可被视为一团内容，源于向其呈现的特定事物。就此而论，较早的表象就构成了素材以同化较晚的表象。而强调未成年人的早期经验的价值就至关重要，尤其是存在着轻视早期经验的情况下。但是，这些经验并非由外在呈现的事物所构成的，而是由本能活动与环境的交互作用所构成的，而正是这种交互作用会逐渐改变活动和环境。主张以表象进行塑造的霍尔巴特式的理论，其缺点就在于忽略了持续的交互作用和变化。

同样的批判原理也适用于这样的理论——它们认为，主要的学习主题是存在于人类历史中的文化产物，特别是文学作品。由于脱离了个人活动的当下环境，这些作品就成为一种竞争性的和干扰性的环境。它们若能增加我们当下必须积极从事的事情的意义，才是有价值的。前面几章提出了这样一种教育观并正式总结成了经验的持续重构——它非常不同于把教育当作为遥远未来作准备的观念，把教育当作展开的观念，把教育当作外在塑造的观念，以及把教育当作回溯过去的观念。

第七章　教育中的民主观

由于教育是社会过程且有不同种类的社会，教育批判和建构的标准就蕴涵着特定的社会理想。要选取两个要点来衡量社会生活形式的价值：其一，群体利益被成员共享的程度；其二，一个群体与其他群体互动的自由程度和充分程度。换言之，不合理的社会是这样的：它在群体内部和群体之间为经验的自由交流和沟通设置了障碍。一个社会，只要它准备让所有成员基于平等条件而共享社会利益，只要它能通过不同形式的群体生活的互动而确保制度的灵活调整，就可以说它是民主的。有一种类型的教育一定蕴涵在这种社会中。这种教育会在社会关系和社会控制中承认个人兴趣，并使心智坦然接受社会变化而又不至于陷入混乱。

历史上三种类型的教育哲学从这个视野受到了考察。柏拉图式的社会与前述的民主社会就理想而言有一些形式上的相似性，但那种社会却因把阶级而非个人当作社会单元而陷入危险。18世纪启蒙运动所谓的个人主义，确实蕴涵着解放人性的社会观，认为个人是社会进步的基石。但是，它却缺乏确保理想被实现的机构，它倒向天性就是证据。19世纪的制度唯心主义哲学把民族国家作为机构而弥补了这个缺陷，但却因政治体的成员身份而窄化了对社会目标的理解，还重新引入了个人从属于制度的观念。

第八章　教育的各种目标

目标指示意识到的任何自然过程的结果，它也是决定当下观察和行动选择的因素。目标意味着行动变得明智。特别是，目标意味着预见一定情景下不同行动的不同后果，也意味着使用预期去指导观察和实验。因此，一个真正的目标从根本上对立于外在强加给行动过程的目标。后者是固定的和僵化的，它并不在相应的情景中去激发才智，而是外在规定的做事指令。外在目标与当下的活动没有直接关联，它是疏远的，与实现目标的手段是分离的。外在目标是对活动的限制，而不会就更自由和更好的平衡活动提出建议。在教育中，正是由于外在目标的盛行，才造成了强调为遥远未来作准备的观念，并使教师和学生的活动变得机械和奴化。

第九章　以自然发展和社会效能为目标

一般的或综合的目标，就是考察教育中具体问题的视角。因此，任何宏大目标的表达方式是否有价值，就要看它能否简易地和一致地转换成别的表达方式蕴涵的问题解决步骤。我们已将这个检验应用于三个一般目标：吻合天性的发展、社会效能、文化或个人内心的丰富。在每种情况下我们都看到，当教育目标被片面表达时，就会彼此冲突。对天性发展的片面表达，就想当然地认为本能可以自动发展而修成善果。从这个视野来看，训练本能并使之有益于他人就是非正常约束，通过有意教养而从根本上改变本能就是败坏。但是，当我们认识到，吻合天性的活动的意思是，本能只有在受教养的过程中得到运用才能发展，冲突就消失了。类似地，社会效能若按为他人提供外在服务而被定义，它就必然对立于丰富经验意义的目标，就像文化若被等同于心灵的内在修炼，它就会与社会化的倾向相对立。但是，社会效能作为一种教育目标，其真实含义应该是培养人们的能力，从而能自由且充分加入集体活动或公共活动。要实现这个目标当然不能没有文化，而文化也会得到激励，因为个人不通过学习就不可能与他人深入交流——就不可能拥有更开阔的视野，也不可能以可能被忽略的方式去领悟事物。也许对文化的最好定义是：文化是为领悟事物的意义而需在广度上和准确度上不断发展的能力。

第十章　兴趣与训练

兴趣与训练是有目标活动的两个相关方面。兴趣意味着当事人认同目标，而目标则对活动有所规定，并要弄清通达目标的手段和障碍。任何有目标的活动，都包含对未完成的较早阶段和趋于完成的较晚阶段的区分，也包含若干中间步骤。拥有兴趣就是将事物带入到这样一种持续发展的情景中，而非将它们封闭在外。未完成状态与愿望实现之间的时间差，就会迫使人付出努力去实现转换，就要求人持续专注并保有耐力。这种态度就是意志的实践含义。以持续的专注力对能力进行训练或发展，正是意志的成果。

上述立场对于教育理论的意义是两方面的。一方面，它防止我们陷入这样一种观念：心智或精神状态本身就是完善的东西，只要碰巧将其应用于一些现成的对象或话题就会产生知识。它表明，心智等同于理智地或有意图地参与有事物介入的行动过程。因此，发展和训练心智就是要营造能够激发这类行动的环境。另一方面，它也防止我们陷入这样一种观念：主题材料本身是封闭独立的。它表明，学习的主题材料等同于所有的对象、理念和原则，而它们是作为资源或障碍进入持续且有意追求目标的行动过程的。弄清了行动的目标和条件，对于通常划分开来的独立心智与由对象和事实构成的独立世界，这二者就会在行动的发展过程中统一起来。

第十一章 经验和思维

确定思维在经验中的地位时，我们首先注意到，经验包含"正在做"或"正在试"与所承受的后果之间的联系。"正在做"的积极面与"正在承受"的消极面的割裂，就会破坏经验的关键内涵。思维就是在所做之事与做事后果之间去刻意建立准确的联系。思维不仅注意到它们是相互联系的，而且注意到了联系的细节，从而用各种关系把联系的线索明确揭示出来。当我们想要确定某个已完成的或将要完成的行动的意义时，就会刺激思维。我们也会因此而预想结果。这就意味着，这种情景无论从事实上讲还是对我们而言，都是不完全的，因而也是不确定的。推断结果意味着提出尝试性的解决方案。为了完善猜测，必须仔细检查现有条件且必须挖掘猜测所蕴涵的内容——这种操作就是推理。进一步，观念或理论作为解决方案提出来后，就必须通过行动实施验证。如果相应的观念或理论引出了特定的结果，或现实的特定明确的变化，就会被接受为有效的。否则，就需要被修正并作出别的尝试。思维包括下述所有步骤：对问题的感知，对情景的观察，形成主张的结论并予以理性阐述，然后主动进行实验验证。虽然一切思维都会产生知识，但从根本上讲，知识的价值要服从它在思维中的运用。毕竟，我们生活在并非确定完成的，而是不断变化的世界里，我们的主要任务是前瞻性的，有时也是回溯性的——而一切知识在不同于思维的意义上都是回溯性的；当然，回溯性的任务也有其价值，可以为我们应对未来提供可靠、安全和有生命力的东西。

第十二章　教育中的思维

以建立良好思维习惯为核心，这样的教学过程就是统一的。提及思维方式并没有错，但重点在于，思维是具有教育意义的经验方法。因此，方法的要素就等同于反思的要素。其一，学生处于真实的经验情景中，他的连贯活动是出于兴趣本身。其二，情景中发展出来的真实问题就会刺激思维。其三，他利用掌握的知识进行观察以处理问题。其四，当提出解决方案后，他就有责任以清晰的方式予以展开。其五，他要有机会和条件通过应用去验证自己的观念，使这些观念的意义变得清晰，并亲自揭示它们的有效性。

第十三章　方法的性质

方法旨在说明，经验的主题材料如何展开才是最有效的。因此，方法源自对经验进程的观察，而个人的风格和态度与应对的材料之间并无有意的区别。认为方法是分离的，这是一个假定，与之相关的观念是，心灵与自我是孤立于万事万物的。这个观念使教与学变成了形式的、机械的和受强迫的。虽然方法因人而异，但仍然可以区分常规经验进程的某些成熟特征，因为以前的经验中存有智慧，且应对的材料有不随时间流逝而改变的一般相似性。如果以个人态度的术语来表达方法，优秀方法的特征便是：直率、灵活的智力关切或愿意学习的开放心态、目标的完整、愿意为包括思维在内的行动后果承担责任。

第十四章　主题材料的性质

教育的主题材料主要由为当下社会生活赋予内容的各种意义所构成。社会生活的连贯性意味着，意义通常是经由过去的集体经验而贡献给当前活动的。随着社会生活越来越复杂，有意义的因素越来越多，重要性也越来越凸显。为了使这些因素可以充分传递给下一代人，就需要对它们进行特别筛选、构想和组织。但这个过程确立的主题材料总以为有自己独立的价值，而不是去促进不成熟者的当下经验所潜藏的意义。特别是，教育者会受到这样的诱惑，他以为自己的任务是以固定的讲解使学生能把握和复述主题材料，而不是把主题材料组织进使学生发展成社会成员的各项活动中。未成年人只有始于具有社会起源和用途的积极活动，然后进展到对相关材料和规律的科学洞见，以便把他人的更丰富经验所传递的观念和事实吸收进更直接的经验中，才是对上述积极原则的守护。

第十五章　课程中的游戏与工作

上一章我们看到，认知的基本主题材料包含在学习如何做事的直接过程中。这条原则对应于教育，就是始终使用简单作业——它们诉诸未成年人的能力，并象征社会活动的一般模式。未成年人因活动本身而沉浸于其中时，就会掌握关于材料、工具、能量法则的技能和知识。这些活动具有典型的社会性，就使所获得的技能和知识具有可迁移到校外情景的品质。

重要的是，不能把对游戏与工作在心理学上的区别，混同为在经济学上的区别。从心理学上讲，游戏的本质特征并非无目的的娱乐。事实上，游戏中的目标被看作与更大的活动是一致的，而不必依据所产生的结果去规定行动的连贯性。随着活动越来越复杂，随着对要实现的特定结果越来越关注，它们就获得了额外的意义。于是活动逐渐变成工作。游戏与工作都应是同等自由和内在驱动的，而在错误的经济状态下，游戏成了富人的无聊消遣，而工作成了穷人的不愉快劳作。从心理学视角看，工作不过是有意考虑结果的活动，并视结果为它的一部分；当结果外于仅仅作为手段的活动时，工作就变成了强制性的劳作。渗透着游戏态度的工作就是艺术——这是就品质而言，而非通常的指称。

第十六章　地理与历史的重要性

经验的暗示远远超越意识最初的注意，这正是经验的性质。意识到这些联系和暗示，就会增强经验的意义。任何经验，无论最初如何微不足道，通过扩展所感知到的联系的范围，都可能有无限丰富的意义。与他人的平常交流是影响经验发展的最现成方式，因为交流把个人的直接经验与群体经验甚至民族经验的最终结果连接到了一起。所谓"平常交流"的意思是，存在着共同兴趣或共享利益，一方渴望输出而另一方则乐于接受。它与纯粹为了给他人留下印象而进行声明或告知形成鲜明对比，这种做法旨在测试对方能记住和复述多少表面信息。

地理和历史是两种了不起的教育资源，能拓展个人的直接经验的意义。上一章描述的积极作业，就在时空上延伸了关于自然和人的视域。只要不是出于外在理由或仅仅作为技能模式被教导，积极作业的主要教育价值就在于，它们为把人引向由历史和地理予以表述的更大的意义世界铺就了道路。人生因历史而澄明，自然因地理而清晰，它们是同一个生命整体的两面——因为，人的生命只有通过社会协作才能在自然中持存，而自然并非偶然的背景，而是生命发展的材料和媒介。

第十七章　课程中的科学

科学代表着经验中的认知因素的成果。科学不满足于仅仅对个体或习俗经验的陈述，它想要获得能揭示信念的来源、依据和后果的陈述。这个目标的实现，就会把逻辑特征赋予陈述。需要注意的是，从教育的视野来看，方法的逻辑特征因隶属于智力复杂的主题材料，就有别于学习者的方法——经验的品质要从较粗糙的层次逐渐提升至更有智力内涵的精练层次。一旦忽略了这个事实，科学就最多会被当作由奇怪的专业词汇予以表达的信息知识，比日常知识更疏离，还更少趣味。科学必须在课程中发挥作用，是因为科学已经为人类展示了它的作用——科学把人从经验的短暂性和偶然性中解放出来，打开了智力的远景，使人摆脱了碰巧形成的习惯和偏好。抽象、归纳、清晰表述，这些逻辑特征是与科学的功能联系在一起的。把观念从其诞生的特殊语境中解放出来并赋予更开阔的含义，个人经验的结果就能由所有人共享。因此，从哲学的视野来看，科学简直就是社会普遍进步的工具。

第十八章　教育的价值

在此前讨论目的和兴趣时，就基本上覆盖了价值的要素。由于教育的价值总是关联着不同科目的课程要求，就要从特定科目的角度就目标与价值进行再思考。"价值"这个词具有相当不同的两方面含义。一方面，价值意指珍惜某种事物的态度，认为该事物就其本身而言具有内在价值。这时，"价值"就是对充分完整的经验的命名，这就是鉴赏的价值。另一方面，认为某种事物有价值，也意味着启动作为独特智力活动的评价，就是要比较和判断。缺乏直接充分的经验会引出这样的问题：为了达成完全的领会或获得关键经验，在面对情景中的各种可能性时，应该优先选择什么呢？这时，就会出现评价问题。

但我们却不应该把科目划分为两种类型，一类具有鉴赏的内在价值，另一类只具有工具价值而真正的价值和目的在它们之外。任何科目要形成合适的标准，都取决于如何认识它对经验的直接意义的贡献，也取决于直接的鉴赏。文学与艺术就具有特别的价值，因为它们代表着鉴赏的最佳状态——通过选择和专注而实现对意义的强烈体会。不过，在每一科目发展的某个阶段，都会向关注它的个人呈现出美学品质。

对经验中的各种直接内在的价值作贡献，是确定课业的工具价值和派生价值的唯一标准。把不同的价值赋予不同的科目，并把课程整体看作是各种分离价值的杂汇，这样的趋势正是社会中的群体和阶级彼此隔绝的结果。因此，在民主的社会群体中，教育就有责任针对这种隔绝而奋斗，从而协调和凝聚不同的利益。

第十九章　劳动与闲暇

上一章就教育价值的割裂进行了讨论，文化与功效之间的割裂很可能是最基本的。这种区分通常被认为是内在的和绝对的，但其实是历史的和社会的。就其意识的形成而言，这种区分源于古希腊。只有少数人才过得上真正的人的生活，他们必须依赖他人的劳动成果才能生存，这个事实就是上述区分的基础。这个事实影响了关于理智与欲望、理论与实践的关系的心理学理论。这个理论也体现在政治理论就两类人所作的刚性划分：一类人有能力过理性生活，因此有他们自己的目的；另一类人只有适合劳作的欲望，他们的目的需要由他人来规定。一旦心理学的区分与政治学的区分转换成了教育术语，就形成了教育上的相应区分：一方面，是与自足休闲生活联系起来的博雅教育，信奉为知而知；另一方面，是为从事机械性的工作所受的面向实践的实用训练，这种工作毫无智力或审美内涵。虽然当下的状况反映在理论上相当多样，在实践上也有很大的改变，但古老的历史因素仍然很顽固地维系着教育上的区分，从而以一系列妥协而削弱了教育措施的效能。民主社会的教育问题就是要消除这种二元对立且要对课程实施建构，以便让思想引导所有人的自由实践，并使休闲成为服务他人的责任的回报，而非免于责任的状态。

第二十章　智识学科和实践学科

古希腊传统习俗和信念对生活的调控日渐失效，诱发了他们的哲思。他们就在逆境中走向了对习俗的批判，进而寻找生活和信念的其他权威源泉。由于他们想要为权威寻找理性标准，并把经验与已证明为不成功的习俗等同起来，就被引向了理性和经验的截然对立。前者越是受到颂扬，后者就越是遭到贬低。由于经验等同于人在变动不居的生活情景中的作为和遭遇，行动就在哲学上遭到了贬低。在较高级的教育中，这个影响结合别的一些因素，就夸大并赞赏了那些把感官观察和身体活动降到最低限度的方法和话题。对这种观点的反叛开创了人类的现代，其特征是诉诸经验并批判所谓的纯粹理性概念。批判者认为这些概念需要借助具体经验的结果才不至于贫乏，否则，它们只不过是在以理性之名表达和保护制度化的阶级利益和偏见。但各种各样的境遇却导致人们把经验当作纯粹的认识，忽略了经验的行动和情感的内在方面，从而把经验等同于对孤立"感觉"的被动接受。因此，新理论影响下的教育改革，就极大局限于消除先前方法的书呆子气，而没有前后一贯地实现教育改造。

与之同时，随着心理学、生产方式和科学实验方法的发展，就使得另一种经验概念变得可能且充满吸引力。这种理论复原了古人的观念，即经验主要是实践的而非认识的——经验是"做"和遭受"做"的后果。但当人们认识到，"做"可以根据思维内容来加以引导，以便产生十分经得起检验的知识，关于经验的古代理论就被改变了。"经验"就不再是经验主义的，而成了实验主义的。于是，理性也不再是一种虚无飘渺的理想能力，而是意指使活动的意义变得丰富的所有资源。从教育的视野看，这一变化指明了科目和教学方法该采取什么方案，这在前几章中已有论述。

第二十一章　自然学科与社会学科：自然主义与人文主义

人与自然的哲学二元论反映在自然主义与人文主义的学科分裂上，且有把人文主义学科简化成对过去进行文献记录的趋向。这种二元论不是古希腊人的思想特点（我们曾指出的其他特点则是）。这种二元论之所以兴起，一部分原因是，罗马文化与欧洲的蛮族文化都不是土生土长的，而是直接或间接地借鉴了古希腊；另一部分原因是，政治和教会情况都强调要倚重过去的权威知识，而它们是由文献来传递的。

最初，现代科学的兴起预告了对人与自然的亲密关系的恢复，因为它视自然知识为保障人类进步和福祉的手段。可是，科学的直接运用却是为了促进阶级利益，而非是作为手段去促进共同利益；而对科学的通行哲学描述却总是趋向于，要么把科学刻画成纯粹的物质性的从而脱离了作为精神和非物质存在的人，要么把人的心灵贬低成主观的幻象。这个趋向在教育中的表现就是，视科学为一组独立的学科，它们是由关于自然世界的专门知识所构成的，而更古老的文献学科就成了人文主义的自留地。此前对知识演化和基于这种演化对教育中的学科方案的说明，就是为了克服学科割裂，并确立自然科学的主题在人类事务中的地位。

第二十二章　个人与世界

习俗和传统的权威放松了对信念标准的控制，个人主义就诞生了。除了偶有发生，就像在古希腊思想的巅峰时期，个人主义是一个相对而言的现代现象。并不是说此前没有个人之间的多样性，而是说由保守传统主宰的社会会压制多样性，至少不会加以利用或促进。然而，出于各种原因，哲学上对新生的个人主义的阐释并不意味着发展社会组织，从而改变或转化此前通行的信念；而是论断说，个人的心灵就其可以独立于所有事物而言是完备的。哲学于是就从理论上诞生了"个人与世界的认知关联是如何可能的？"的认识论问题。而在实践上，就产生了关乎社会引导的难题——出于纯粹的个人意识如何可能为着公共利益或社会利益而行动？虽然旨在解决这些问题的各种哲学都提了出来，却没有对教育产生直接的影响，这些哲学思想的假设无外于一些常见的分离，如学习与管理的分离，个人自由与他人控制的分离。自由意指的是一种内心态度，而不是无约束的外在活动，对自由的这种理解是重要的；但是，若没有在探索、试验和应用等活动中的合理试错，心灵的这种品质就不可能得到发展。习俗社会对个人多样性的利用的上限是服从习俗，每个阶级内部的主要理想都是一致性。而进步社会却珍视个人多样性，因为这样的社会在其中发现了自身成长的办法。因此，民主社会要吻合它的理想，必然会在教育方案中允许思想自由，使各种天赋和兴趣能施展自身。

第二十三章　教育的职业方面

为他人提供服务且尽己努力实现结果，职业就意指这种形式的连续活动。职业与教育的关系问题汇聚了此前讨论过的各种难题，包括：思维与身体活动的联系，个人意识发展与社会生活的联系，理论文化与具有明确目标的实践行为的联系，谋生与享受休闲价值的联系。一般而言，只要保守过去的贵族理想，就会反对承认教育中有生活的职业内涵（小学教育中有功用性质的读、写、算除外）。可是，当下有一种运动，其目的就是所谓的职业训练，一旦有效实施就会使这些观点得到强化，从而使之适应现存的产业制度。这一运动延续这样一种观点：只有经济能力较强的少数人才可以享受传统的博雅教育或文化教育，大众则适合专门化的、狭窄的行业教育以从事受制于他人的各种职业。这个方案不过是想要固化旧时的社会分裂，而其对应物则是认识的和道德的二元论。这也意味着，只有在如此不合理的社会状况下，这个方案才可持续。毕竟，现在的产业生活是如此依赖于科学，且对所有形式的社会交往有无所不在的影响，就有机会利用它去发展心智和性格。进一步讲，产业生活在教育中的正确运用可以影响人的智慧和利益，进而可以结合立法与行政去改变当下产业和商业秩序中的让人厌恶的特征。这种正确运用可以将日益增长的社会同情心转化成建构性的力量，而不是停留在盲目的博爱情感中。这种正确运用可赋予产业从业者共享社会控制的愿望和能力，以及成为产业命运的主人翁的能力，还会使他们弄清生产与分配的运行系统所具有的技术性的、自动特征的意义。以上构想是为缺乏经济机会的人而做的。对于社会中的优势群体而言，产业生活在教育中的正确运用会增加他们对于劳工的同情心，会产生能发现事功活动的文化要素的心智趋向，并能促进社会责任心。换言之，现阶段职业教育问题的关键是，它以特别的方式汇聚了这两个根本问题：智能要想得到最好的发挥，是应该脱离使自然为人所用的活动，还是应该进入这样的活动？个人要有文化，最有保障的路径是自我中心主义的，还是社会的？本章并没有就很多细节进行探讨，相应的结论不过是总结了十五至二十二章的讨论。

第二十四章　教育哲学

将此前讨论所隐藏的哲学话题予以回顾后，哲学被定义成了教育的一般化理论。哲学被表述为一种思维方式，就像所有思维一样，源于经验中的不确定性内容，其目的在于弄清困惑的性质且提出可付诸行动而予以检验的猜测。哲学思维的特点在于，它所处理的不确定性是广泛存在于社会环境和目标中的，体现为组织性的利益和制度性的诉求之间的冲突。要调和对立趋势，唯一的办法就是改变情感和认知趋向，就此而论，哲学是对生活中各种兴趣的明确阐述，也是使各种兴趣能形成更好平衡的观点和方法。通过教育过程，所需要的改变才可能实现，而不至于停留在只是对愿望的假想上；我们就证成了这样一个命题：哲学是精心指导实践的教育理论。

第二十五章　知识论

社会阶级的划分阻碍了自由和充分交流，使各阶级成员的智力和认知都处于片面状态。有些人的经验与实用性相关，而与旨在促进的更大目标相割裂，这样的人正是经验主义者；

有些人喜欢沉思世界的意义，却不参与主动创造意义，这样的人正是理性主义者；有些人直接与事物打交道，还总是按照事物的样子及时调整自己的活动，这样的人实际上是实在论者；有些人把事物的意义单列出来，然后将它们放入脱离事物的宗教世界或所谓的精神世界，这样的人实际上是唯心论者。有些人关心进步，他们想要奋力改变公认的信念，强调认识中的个人因素；有些人的主要任务就是抵抗变化，保守公认的真理，他们看重普遍性和确定性——各种想法，不一而足。哲学体系在知识论上的对立，把经验之间的割裂和片面性表露无遗——之所以称之为片面的，是因为交流障碍阻止了经验从处境不同的他者那里丰富和弥补自身。

类似地，由于民主在原理上是主张自由交流的，为了社会的可持续性，就有必要发展出这样一种知识论以洞见知识中的方法——按照这种方法，一种经验之所以可能，在于它能为别的经验提供指导和意义。最近在生理学、生物学和实验科学的逻辑上所取得的进展，为形成和阐明这样一种知识论提供了迫切需要的智力工具。这些工具的教育等价物，就是把在学校获得的知识，与社会生活的媒介中进行的活动或作业联系起来。

第二十六章　道德理论

学校道德教育中最重要的难题就是知与行的关系问题。除非常规课程的学识增长能对性情发挥影响，即使把道德视为教育的统一和最终目的，也是徒劳的。一旦知识的方法和素材与道德成长之间缺乏有机的内在联系，就不得不诉诸特定的修身课和训练方法；知识就没有融汇进通常的行动活力和生活前景，而道德就成了道德说教——成了各自分离的德性的拼凑方案。

体现认知与行动分离以及认知与道德分离的两种主要理论，一种切断了内在趋向和动机（有意识的人格因素）与行动的关系，把行动当作纯粹自然的或外在的，另一种认为行动仅基于利益，反对有出自原则的行动。这两种分离都会在这样一种教育方案中得到克服——学问是连续活动或工作的成就，而它们都有自己的社会目标，都要运用典型社会情景中的材料。在这种情况下，学校本身就变成了一种生活形式，一种与围墙外的其他形式的社会经验紧密互动的小型共同体。所有教育，只有使有效共享社会生活的能力得到发展，才是道德的。这样的教育能培养一种性格，不仅能参与社会必需的特定活动，而且对作为成长关键因素的持续再适应有自己的兴趣。从本质上讲，向生活全方位学习的兴趣就是道德兴趣。

"实用主义" vs. "实践主义"

2023 年 12 月,由华东师范大学杜威研究中心、复旦大学杜威研究中心等单位联合举办的"杜威思想与未来教育"研讨会在深圳举行。我在会上提出一个想法:能否将"pragmaticism"不译成通行的"实用主义"而改译成"实践主义"?中文只有一字之差,但含义却大相径庭。下面是相关理由。

第一,"实用主义"这个标签给人的印象是,杜威所倡导的哲学只考虑实用,显得过于狭窄。"实用主义"标签遮蔽了杜威哲学的深刻性和丰富性,容易令人望文生义,产生对于杜威哲学的抵触情绪。

第二,杜威在他的著作中明确反对只讲通俗的实用。我们问,为什么要接受好的教育呢?如果回答是,只有接受好的教育才能考上好大学,才能找到好工作并取得高收入,这是杜威坚决反对的"实用主义"答案。

第三,中文的"实用主义"作为一个哲学学派的标签有些奇怪,毕竟哲学本身就不实用。哲学的意义在于启示对世界的总体领悟,至于这种领悟是否产生流俗的实用效果,则不是鉴别哲学成色的根本标准。就此而论,"实用主义哲学"是一个自我否定的概念。(英文的"pragmaticism"却不面临同样的问题。)

第四，将"pragmaticsm"译为"实践主义"，有词源上的依据，因为"pra"这个拉丁语词根本来就表示"实践""行动"，也有表示"实际"和"实用"的含义。中文的"实用主义"之所以是问题，就在于抓住了词根的某些含义而损失掉了更丰富的含义。

第五，主张使用"实践主义"译名的更重要理由是哲学上的。杜威强调"实践出真知"而不是"实用出真知"。杜威是赞同"实践是检验真理的唯一标准"的，但他的哲学有更深的内涵。在杜威看来，离开实践，就没有真理，而不能说真理外于实践，只等待实践去发现。实践在经验的连续性和交互性中的展开是分层次或维度的，有生活实践、教育实践、科学实践、技术实践、数学实践、艺术实践、哲学实践等相互纠缠的指向。每个领域的真理都源于那个领域的实践。不能想象一个没有实践的宇宙还有真理，因为这种想象本身就离不开实践。

（以上是我想到的正面理由。在与一些专家学者的交流中，也遇到一些反对意见，对反对意见的答复，也可算是间接的支持理由。）

第六，反对理由说，"实用主义"是约定俗成的，要改变成"实践主义"，成本高而效益低。我的回答是，面向事情本身是最根本的。如果译成"实践主义"的理由成立，就需要改变。学术思想的活力源于多样性，因"实践主义"的新译名而带动对杜威乃至更广阔的"实践主义哲学"的研讨，本身就是重要的学术效益。哪里有外于思想成本的思想效益呢？

第七，反对理由说，实践是马克思哲学的关键，把杜威的哲学称作"实践主义"，容易模糊与马克思哲学的界限。我的回答是：实践也是儒家哲学的关键，而且康德哲学也讲实践理性优先于理论理性。"实践主义"这个哲学标签反映了杜威特有的实践至上论，他认为，经验只有在不受黑格尔的"绝对精神"或马克思的"历史规律"约束的实践中，才能自由活泼地生长。

第八，反对理由说，在中国学术界，像"实用主义"的学术名称早就得到了学术权威机构的认可，写入了课题申报目录，要改变权威机构太难了。这实际上是一个事实描述。但是，权威机构的构成者是谁呢？如果是相关领域的专家学者，就正好通过学术交流与他们探讨，而在这么重要的杜威研讨会中，"他们"很可能就在我们中间，不，他们就是我们。如果构成者不是相关领域的专家，要改革的就是权威机构。这种改革要求，吻合各种实践观，包括儒家的、马克思的和杜威的。

语言是演化的。"实用主义"这个词在19世纪末由严复率先翻译成中文。穿越回那个国弱民贫的年代，"实用主义"这个译法的内涵是经世致用，这太可以理解了。严复将密尔的"On Liberty"翻译成的《群己权界论》，这也太可以理解了。中国古代虽有"自由"一说，如"春风无限潇湘意，欲采苹花不自由"，但却没有法权意义上的自由概念，故严复没有将密尔的名著译成《论自由》，而是强调，要首先厘清个人与群体（政治的、社会的、经济的、伦理的）的权利或权力边界，才会诞生普遍的自由。

"自由"是当代中国社会主义核心价值观之一，从学术和思想自由入手，将自由的真正内涵实践出来，正是包括革命先烈在内的一代代国人不懈奋斗、不忘初心的目标。这个时代已经根本上不同于严复的时代，实用是这个"内卷"世界的核心价值，时过境迁，"实用主义"标签会模糊掉杜威坚决反对的"内卷"及派生的价值观。

是时候了，是时候需要根据语用的效果重新审视"实用主义"导致的问题了。

后　记

　　每次用英语与外国友人交流时，都感觉难以表达中文的"缘分"一词。前不久哲学家彼得·辛格（Peter Singer）来访，我很多年前翻译过他的书，于是就试图告诉他，我们此前虽未谋面但却因思想而结缘。"缘"或"缘分"确实难以用英文表达，但对于中国人却是如此易于理解。在这本书即将出版之际，我想来谈谈与杜威的缘分。

　　十几年前，复旦大学《杜威全集》编委会的一个负责人给我打来电话，希望我能认领一卷英文原文，将其翻译成中文。我那时在忙别的事，而且对杜威也没有研究，就回绝了这位朋友的盛情邀请。这位朋友后来英年早逝，我在痛心之余，难免会想，当年那么干脆就拒绝了这次邀请，究竟还有什么原因？

　　思前想后，我认为"实用主义"这个标签起了不好的作用，阻止我真正进入杜威的思想。我的无意识的想法是，哲学本来就不实用，哲学的意义在于帮助人从总体上领悟世界，在面对不可思议的存在深渊时，给人力量、勇气和智慧。我知道杜威是"实用主义"的集大成者，于是就望文生义地联想到，一种把实用作为核心诉求的哲学，是自相矛盾的。

自那以后，我总是隐隐约约觉得哪里有问题。仅从一个中文学术标签上就拒绝深入了解一个哲学流派，这不是一种哲学态度。果然，后来当我有缘读到了《民主与教育》这本书时，我感觉杜威是一位值得认真对待的思想家。我当时读的中译本书名为《民主主义与教育》，读完之后朦朦胧胧的，有一种雾里看花的感觉。我觉得这本书很有意思，但却把握不住它的重点。我那时没有再深入研读这本书，只是预感自己的生命之流还将与杜威的思想发生更深入的关联。

有那样的预感是因为我本人长期关注教育与人的成长话题，经常到中小学听课，了解今天的学校教育有怎样的变化。我对教育话题感兴趣，或者说与教育的缘分，可以追溯到自己的青少年时期。我那时是一个厌倦学习的调皮孩子，大量精力都用在上课开小差、逃课、恶作剧上。作为一个对很多事情都好奇但学校却无法满足好奇心的调皮男孩而言，学校实在不是一个有吸引力的地方。有吸引力的是夜晚的星空，对遥远宇宙的幻想，历史评书中的英雄人物，当然还有临桌女孩谜一般芳香的长头发，以及回到现实中组织兄弟们集体逃学的叛逆。回想我的青少年时代，"教育"这个词总是负面的，意味着又有哪位老师要来实施批评和管教了。

读《民主与教育》，杜威以他特有的方式讲述的教育深得我心。教育是理解、应对和引导生命之流的活动。教师不是学生的生命之流的旁观者和管理者，而是本身就处于生命之流中的活生生的人。杜威称生命之流为"经验"。只有当教师的经验与学生的经验在碰撞、冲突、交流中遭遇彼此，只有教师理解了这种遭遇的意义不能还原成各自的经验，教育才可能真实发生。有的时候，教育是以知识学习和思维启迪的方式发生的，教师要承担更多的引领责任。有的时候，教育必须直面不期而至的师生共创和共享的经验，特别是超出预期、充满困惑、揭示矛盾的经验。这样的经验是一种弥足珍贵的缘分，教师变成了继续成长的学生，学生学会了当自我成长的教师。按杜威的理解，这样的经验就是具有民主品质的经验。换言之，民主与教育，在人类交往互动的底层逻辑上是一致的。

两年前，我在"新网师"平台上为来自全国的中小学骨干教师开了一门教育哲学的课。我思考再三，决定用杜威的《民主与教育》作为深度阅读的材料。在备课过程中，我找来了不同的中译本反复阅读，仍然感觉不通透，于是下决心回到英文原文，将困难的章节逐一翻译成汉语。翻译不是简单的文字转换，而是对话原书作者的宝贵契机。在这个过程中，我像金庸笔下的老顽童周伯通一样，实行左右互搏之术。左手的世界试图与杜威深度共情，尽可能站在他的视野理解那些丰富的思想；右手的世界试图批判杜威，尽可能站在人类思想的不同立场上进行质疑。左右互搏之后，我对于杜威的思想有了全新的理解。

我感觉杜威是人类经验生长的雕塑大师，用确定的文字把像音乐一样的人类经验封装了起来。读者只有用自己的生命经验去打开这本书，封装的人类经验才可能像音乐一样再次流动。我力争像一个指挥家，以自己的生命经验为媒介，帮助来自全国的教师们听懂《民主与教育》的思想交响曲。不同于狭义的交响曲，广义的思想交响曲的演奏厅是天空和大地，是具有创造性的生命和思想活动的过去、现在与未来。我希望教师们借助杜威的这部名著，听懂民主与教育两个主题是如何交织缠绕的，再通过各自的学科教学让正在成长的儿童和青少年也感受到生命活动走在探索之路上的美妙。我同时认为，杜威的教育哲学，哪怕一个具有独立思想能力的教师不完全赞同，也可以成为现实教育教学改革的可资借鉴的重要思想资源。

我带着这样的热情为教师们讲授《民主与教育》，与大家坦诚交流，共同探讨思想和现实中令人困惑的问题。令我意外和倍感惊喜的是，课程结束后，张永平和吴亚军两位老师居然根据授课和交流的录音内容，整理成了一部几十万字的讲义。两位老师为这部讲义取名为"思想的味道"，我相信，只有亲自品尝过思想味道的人才会想出这么富有诗意的标题。在撰写这本小书时，我不时参考查证《思想的味道》中记载的问题、疑难和讨论，力图与更大范围的未曾谋面的读者朋友分享我所品尝到的杜威教育哲学的丰富味道。我相信这味道也是思想本身的线索，能帮助大家进一步阅读杜威的原著，更重要的是，深入思考教育、社会和人性的本质。思想的味道很像缘分，处于其中的人，一次会心的微笑就是一个不可重复的世界。

刘 莘

2024 年 11 月

图书在版编目（CIP）数据

教育的本质：《民主与教育》导读 / 刘莘著 . 上海：华东师范大学出版社，
2024. — ISBN 978-7-5760-5547-4

I. G40-06; B712.51

中国国家版本馆 CIP 数据核字第 2024LA6536 号

———————————————————————————————————————

大夏书系丨与大师同行

教育的本质：《民主与教育》导读

著　　者	刘　莘
策划编辑	李永梅
特约编辑	亲近母语
责任编辑	万丽丽
责任校对	杨　坤
封面设计	奇文云海 · 设计顾问

出版发行	华东师范大学出版社
社　　址	上海市中山北路 3663 号　邮编 200062
网　　址	www.ecnupress.com.cn
电　　话	021-60821666　行政传真 021-62572105
客服电话	021-62865537
邮购电话	021-62869887
地　　址	上海市中山北路 3663 号华东师范大学校内先锋路口
网　　店	http://hdsdcbs.tmall.com/

印 刷 者	北京汇林印务有限公司
开　　本	890×1240　32 开
印　　张	9
字　　数	194 千字
版　　次	2025 年 1 月第一版
印　　次	2025 年 2 月第三次
印　　数	6 101—9 100
书　　号	ISBN 978-7-5760-5547-4
定　　价	59.80 元

出 版 人　　王　焰

（ 如发现本版图书有印订质量问题，请寄回本社市场部调换或电话 021-62865537 联系 ）